光　照

歷史學家對聖經的30則探問

王壽南　著

作者序　光明照亮人生

按照《聖經》記載，當上帝還沒有創造世界時，整個宇宙是一片混沌，空虛黑暗，上帝創造宇宙的第一件事是出現了光，光的出現擊退了黑暗。然後上帝繼續創造了空氣、水、地、海、植物、太陽、月亮、星星、牲畜、昆蟲、野獸和人。宇宙中的各樣事物都靠著光而生存，尤其是動物和植物，幾乎都依賴光才能生存，而人類的延續和發展，光更是不可或缺的因素。

從地球上來看，最大的光源是太陽，其次是火和人造光，人藉著光去觀察和理解這個世界，促進人類文明不斷進步，所以光象徵著進步，也象徵著希望。

盲人是看不見光的，盲人可說是身體有障礙的人中最可憐的，因為盲人看不見光，最容易喪失對人生的希望。我在二〇〇五到二〇〇七年三年之間成為雙眼失明的人，親身體會到全天在黑暗中度日的痛苦，那種痛苦不是疼痛，不是飢餓，不是行動不便，不是旁人譏笑，那種痛苦是可怕的黑暗感，無望的感覺會讓自己墜入無底深淵。感謝上帝的拯救，感謝我的妻子吳涵碧的扶持和鼓勵，也感謝振興醫院前院長劉榮宏醫師為我進行手術，我的左眼在二〇〇七年底重新窺見光明，擺脫了惡夢般的黑暗生活。

三年的失明，我得到一個啟發。除了眼睛能看到的光之外，還有一個心靈的光，心靈的光不是用來觀察事物的光，而是用來體察靈魂的光，原來除了這個物質世界外，還存在一個靈魂世界。靈魂世界不是肉眼所能看見的，而是用心靈來接觸的，接觸的媒介是心靈發出的光，這心靈的光不是藉由太陽或人造光而獲得，是由上帝直接供應，我稱之為「靈光」，距離上帝愈近，靈光愈強，反之則愈弱。如果脫離了上帝，靈光便消失了，沒有靈光指引，這個人便只能在靈魂世界中飄浮虛蕩，永無寧日，接受無止境的無望與痛苦。

領悟了心靈之光，我開始尋覓上帝，我受洗接納耶穌，進而為神傳播福音，福音就是神的光，希望把神的光傳遍中國。二〇一七年二月，我開始在臺北中心診所綜合醫院洗腎，每個星期一、三、五要用四小時躺在病床上接受血液透析，不能動彈。洗腎原是一項令人畏懼和痛苦的過程，四、五個小時平躺，不得動彈，令人全身僵硬，有時還會有抽筋發麻、嘔吐腹痛等現象，幸好上帝助我，我並未有太嚴重不適現象，使我洗腎時沒有不能忍受的痛苦。

我利用每次洗腎的時間躺在病床上，構思一個有關基督信仰的主題，寫成一篇文章，在臺北遠東福音會做廣播演講，我已經將二十篇講稿彙集成《天梯》一書，於二〇一九年八月於臺灣商務印書館出版，本書也在談基督信仰，可算是《天梯》的續集，希望對未信、初信和已經信基督的朋友能有增進認識福音的功效，讓心靈的光更加明亮。

目錄

1　上帝用短短六天創造了宇宙？

別以有限的思維看字面上的意思，而誤解了上帝的「無所不能」，宇宙起源是科學都還無法解釋的事情，或許可用老子的「道」來認識。

我買了一輛室內運動腳踏車，放在客廳裡，我的學生建偉來找我，看到那輛新腳踏車，很興奮地說：「老師，你要練身體嗎？這車好漂亮，哪裡買的？」

我淡淡一笑說：「拿幾塊鐵片，它就自己變成這個樣子。」

建偉看著我說：「老師，你在開玩笑，怎麼可能？」

我點點頭說：「當然不可能，一定是工廠裡人手造的。我昨天聽到你們幾個同學在討論宇宙是如何創造出來的，不知道你們討論的結論是什麼？」

建偉說：「大家認為宇宙是由於大爆炸而造成的。」

我說：「我們的宇宙每天有規律地運行，太陽、地球、月亮和行星都各自在軌道上運行，而且經歷了幾百萬年、幾千萬年，如果只是一個單純的爆炸，爆炸以後的各個星球能夠如此長久地做有規律的運行嗎？一部腳踏車都要經過設計、製造，宇宙這麼大而複雜，難道不經過設計、製造就能形成嗎？」

建偉點頭說：「老師說的對，那麼宇宙為什麼會有規律的運行？究竟是誰設計、製造的呢？」

我倒了杯茶給建偉，慢慢地把誰創造了宇宙的問題分析給他聽。

從二十世紀初開始，「科學主義」便流行起來，所謂「科學主義」就是相信科學是萬能的，一切都要經過科學的驗證才可以相信，科學就是真理。然而這種科學主義的說法正確嗎？

首先，我們要了解什麼是科學，科學是對自然界的現象加以觀察，經過統計或分析，最後做出解釋的一系列方法。譬如牛頓觀察到自由落體的現象，於是做了許多實驗，提出了三個力學定律，即「慣性定律」、「作用與反作用定律」和「運動定律」；

進而提出「萬有引力定律」，這是科學。科學是對自然界的物質現象所做的研究和說法，科學的研究和說法是有共同性的，是放諸四海皆準的。

但是科學的理論是可能被推翻的，譬如從希臘的亞里斯多德開始，科學界相信地球是宇宙的中心，其他星球都是圍繞著地球的說法，後來的科學家又否定了一千多年來地球中心的理論。為什麼有些科學理論在流行若干年後會被推翻呢？因為科學是科學家對自然物質的觀察、統計、分析後做出來的解釋，由於觀察、統計、分析的工具和方法改變了，或者發現了新的自然物質現象，就會造成最後解釋的改變，所以任何一個科學的理論未必就是永遠不變的真理。

其實，自然物質現象是宇宙的一部分，科學家不是發明者，科學家只是挖掘宇宙奧祕的發現者。宇宙何其大，人類用幾千年來挖掘宇宙的奧祕，其實只發現了一點點。偉大的科學家牛頓說：「我像一個蹲在海邊沙灘上的小孩，拾到了一個漂亮的貝殼就高興得不得了，可是面對一望無際的大海，這裡面有多少寶貝，我卻是一無所知。」連這位偉大的科學家都把自己的科學研究成果比作一個小貝殼，把宇宙比作無際的大海，人們還敢以科學成就自傲嗎？

的確，科學研究有其局限性，譬如科學對人的心理無法得到普遍適用的理論；科學對人際關係無法得到可以共同遵循的定律；科學對生命的起源找不到答案；科學對地球地殼內部的核心了解得很少；科學對天天照著我們，為地球帶來熱量的太陽所知有限。所以，用科學來解釋宇宙是誰創造的，目前是不可能有答案的，大爆炸的說法只是一些科學家的想像而已。

宇宙是一個有規律的動態空間和時間，一定是被創造的，是誰創造的呢？根據《聖經》的說法，是上帝創造了天地，神創造了光、空氣、水、陸地、海洋、太陽、月亮、星球、植物、動物和人。上帝創造宇宙共用了六天。這是《聖經》的說法，你也許會懷疑，只用了六天就創造出宇宙，怎麼可能？蓋一幢十二層的大樓至少得花兩年時間，六天創造了宇宙，這只是神話而已，能相信嗎？

的確，從人的經驗來看，創造宇宙是何等宏偉，何等複雜的工程，別說六天，就是六千天、六萬天也難以完成。人之所以有這種想法，乃是站在人的角度，用人的經驗法則去思考的結果。在宇宙創造完成之前，還沒有人，只有神——上帝存在。上帝創造宇宙的最後一天——第六天，才造了人，人是上帝的受造物，受造物豈能等同創造主，人的智力怎麼能夠測度上帝的能力？人們常會有一種錯誤的想法，認為人會怎麼樣，神也會怎麼樣，其實人和神（上帝）是不同的。最容易懂的例子，像人是會死的，上帝是永遠長存不死的；人是會飢餓口渴的，上帝是永不飢渴的；人是受到時間、空間所限制的，上帝是超越時間、空間的。總之，人的智力和能力是有限的，人實在無法用自己的智力和能力，去比擬上帝的智力和能力。

如果讓人來創造一個宇宙，他要用多少時間來設計宇宙中各星球轉動的速度和軌道？設計完成後，要如何讓太陽發光發熱卻又不熄滅？用什麼機械器具把各個星球放到它們的軌道上去？地球上幾百萬、幾千萬種動植物如何設計出來，這些動植物各有什麼特性？如何設計地球上各地區的氣候變化？還有許許多多的問題，幾乎都是人的智力和能力所不能解決的。面對宇宙，人是何等渺小，人想創造宇宙，那真是癡人說夢。

所以，人用自己的思維去讀〈創世記〉第一章關於上帝創造宇宙的紀載，會認為那是不可相信的神話，那是人用自己有限的智力誤解了上帝「無所不能」的大智慧、大能力。

人們思考上帝創造宇宙的另一個疑點，是上帝只用了六天就完成創造宇宙的大業，似乎太快了吧？其實這又是一種個人的思考誤區。

《聖經》記載，上帝創造宇宙的程序，第一天造光，把光和黑暗分開，第二天造水、空氣，第三天造地、海，地上有各式各樣植物，第四天造了太陽、月亮、眾星，第五天造水中的生物和空中的動物，第六天造牲畜、昆蟲、野獸和人。可見太陽是第四天才出現的，人類計算「天」的方法，是太陽從東邊升起到西天落下，再度從東方升起稱為一天，也就是一晝一夜是一天，但在有太陽以前是如何稱一天的？在沒有人類以前，是如何稱一天的？所以〈創世記〉第一章裡說的「天」，不是我們現在用的「天」，那時的一天是上帝的一天，上帝的一天未必是二十四小時，但我們也不知道究竟是多長的時間。總之，大可不必在意上帝是在多少時間內創造出宇宙。

中國人對宇宙是誰創造的問題似乎較少關心。中國人有盤古開天闢地的故事，這個故事最早是出現在三國時代吳國的徐整所著《三五曆紀》中，三國已是漢代以後，所以盤古是很晚才出現的故事，不是遠古時代中國人流傳下來的故事。所以中國古代士人並不認同盤古的真實性，中國人似乎也沒有把盤古看成天神，也沒有為盤古蓋廟拜拜。

除了盤古的故事之外，還有女媧補天和造人的故事，女媧的故事出現在漢代，也是很晚才出現的故事，根據漢朝人的石刻像，女媧是人頭蛇身，是半人半獸的形象，其實中國人並不相信女媧故事的真實性，只把它當成一個神話故事而已。

中國人最早談到宇宙起源問題的人是春秋時代的大哲學家老子，不過老子是用哲學的思維來看宇宙的起源。老子說：「有物混成，先天地生。寂兮寥兮，獨立而不改，周行而不殆，可以為天下母。吾不知其名，強字之曰『道』。」把這段話譯成白話是「有一個渾然天成的東西，在天地形成以前就存在了，聽不到它的聲音也看不見它的形體，它獨立長存而永不衰竭、循環運行而生生不息，它是天地萬物的根源。我不知道它的名字，勉強叫它做『道』。」

「道」是老子的中心思想，《老子》一書中經常提到道，其中大家比較熟悉的話像「道可道，非常道。」「道生一，一生二，二生三，三生萬物。」

道究竟是什麼意思呢？在《老子》當中，「道」出現了七十三次，這個「道」字在宇宙論和人生哲學上各有其意義，就宇宙論來說，「道」包含了幾個內涵：

一、道是看不見、摸不著，但確實存在的。道沒有形象，也叫不出它的名字，不得已只好稱為道。

二、道是宇宙萬物的根源，是宇宙的發動者。

三、道有無窮的潛在力和創造力，宇宙萬物的生成和成長，都是道的潛在力不斷創發的表現。

四、道不受時間、空間的限制，道是永遠長存的。

從以上老子講的「道」的四個內涵來看好像有點玄虛，所以中國人看《老子》覺得很玄，能懂老子哲學精義的人不多，其實《老子》的「道」如果和《聖經》合併起來看，老子所說的「道」就不是玄虛而可以落實了。這話是什麼意思？

請仔細讀讀《聖經》，《聖經》裡講的上帝，也就是神，包含了幾個內涵：

一、上帝是人看不見、摸不到的，但上帝是確確實實存在的，上帝顯示了許多神蹟。上帝第一次呼召摩西時，摩西就向上帝要求一個憑證，上帝便把摩西手中的杖變成可以變為蛇、可以使水變為血的神杖，作為上帝存在的證明。然而上帝從未現身給人看，摩西不知道上帝的名字，後來上帝才告訴摩西，祂是耶和華。

二、《聖經》清楚記載上帝創造宇宙的過程，所以上帝是宇宙萬物的根源，是宇宙的發動者。

三、上帝是無所不能的，宇宙萬物的生成和成長都操控在上帝的手裡。

四、上帝不受時間、空間的限制，上帝是昔在、今在、永在的神。

把老子的「道」和《聖經》的上帝四個內涵相比較，發現完全一樣，可見老子講的「道」不是玄虛的哲學思想，而是確實的上帝信仰，只是老子沒有說破「道」就是「上帝」而已。

這樣看來，早在兩千六百年前，老子便知道有一位創造宇宙萬物而且永遠存在的神，只是不知道這神叫什麼，便只得稱之為「道」。正巧《聖經》裡說「道就是神。」在《聖經》〈約翰福音〉第一章一節說：「太初有道，道與神同在，道就是神。」可見中國人早就知道上帝，知道是神創造了宇宙。可惜的是，中國人把老子說的「道」當哲學來研究，沒有把「道」引到信仰的方向，遂使中國人耽誤了兩千多年才認識上帝。

總之，宇宙絕對不是大爆炸以後偶然形成的。如果只是偶然造成，那麼各個星球就不可能有規律地運動，地球上的動植物就不可能一代一代傳承下去，宇宙和世界是混亂的，所有定律和規則都不存在，這絕不是我們今天所看到的宇宙。我們今天的宇宙，是一位創造主設計和創造出來的，那創造宇宙的就是上帝。

2 讀《聖經》有哪些好處？

讀《聖經》有更多的好處，如讓信仰深入心中，並走在正道上，平安喜樂自然而來。可以用看歷史的角度來研讀，將會有不同的收穫與體悟。

我的朋友趙先生來找我聊天，他說：「我兩年前受洗，成了基督徒啦！」我很好奇地說：「你一向都不相信有神，現在怎麼會成為基督徒呢？」

他搖搖頭說：「我是不信神的，但最近這幾年真是什麼都不如意，玩股票賠了不少錢，我的女兒原來在一家外商公司工作，前年被解僱了。去年我得了病，每天在家心慌慌，做事提不起勁，和朋友都斷了線，到醫院看了好幾科醫生，為我做了各種檢查，結果都正常，最後找一位家醫科醫生，他認為我不是生理上有毛病，要我去看精神科，精神科醫生說我是憂鬱症，除了給我吃藥外，還勸我要有一個宗教信仰。恰巧我有個老朋友是基督徒，他帶我進了教會，我在教會裡聽了幾次牧師講道。老實說，我真聽不懂，不過有一句話打動了我的心，牧師說，信耶穌就會得平安。得平安這是我最想要的，於是我決定受洗，成為基督徒。」

聽了趙先生的自述，我向他伸手握了一下，表示祝賀，我問他：「你受洗以後是不是得到平安？憂鬱症好了嗎？」

趙先生搖搖頭說：「沒有，我還是去看醫生，照樣吃藥。我跑去問牧師，我已經受洗成為基督徒，信了耶穌基督，但是仍然有憂鬱症，仍然心慌慌，我為什麼得不到平安的感覺？牧師要我去讀《聖經》，他說《聖經》是神的言語，多讀《聖經》會有醫治的能力。於是，我聽從牧師的指示，天天讀《聖經》，還背《聖經》裡的金句，我用了一年時間，把《聖經》讀了一遍，但是到現在我心裡還是沒有平安，我不曉得讀《聖經》有沒有用處、要不要再讀？」

的確，趙先生的問題也是許多基督徒心裡想問又不敢問的問題。讀了那麼久的《聖經》，也會背一些金句，好像我自己並沒有什麼改變，也沒有讓我得到什麼好處，讀

《聖經》有用處嗎？

其實，基督徒天天讀《聖經》是必做的功課，多讀《聖經》對基督徒來說至少有幾點益處：

第一，讀《聖經》可以認識自己信仰的神是什麼樣的神。許多人都會說那有什麼困難，不讀《聖經》我也知道神是有超能力的，神是會在我遭遇困難的時候幫助我的。這種說法只是皮毛，哪一個宗教不是自誇自己的神，神通廣大，會濟世救人。基督徒如果也跟著世俗宗教亂誇我們的神，神通廣大，濟世救人，那不就和菜市場叫賣的小販一樣，將基督信仰變成和世俗宗教一樣的貨品了。

那麼基督徒要先深入了解上帝耶和華，了解耶穌，了解我們的神的偉大在哪裡。神和人的關係如何，絕對不是一句「神通廣大，濟世救人」可以表達出來的，尤其讀四福音書，仔細去讀才能體會耶穌的偉大是無與倫比的，是人所做不到的。如果真能體會神的偉大，對神的信仰就會深深進入心裡。

第二，讀《聖經》能體會神主要的信念。大家都知道「耶穌是愛」，但「耶穌是愛」這句話太抽象了，唯有去讀《聖經》才能把「耶穌是愛」四個字具體化，讀了《聖經》才能感受到愛不是口頭上的空話，愛是實實在在存在人間最珍貴的寶貝。又如大家都知道在基督信仰裡，神要人都「剛強壯膽」，什麼是「剛強壯膽」？怎麼樣才能做到剛強壯膽？不要把剛強壯膽當成口號，更不要濫用了剛強壯膽，只有多讀《聖經》才能體會「剛強壯膽」的真義。所以，基督徒要多讀《聖經》，因為《聖經》說出了神的信念，基督徒要正確地了解神的信念，才能不偏不倚地走在神的道上。

第三，讀《聖經》能了解基督教發展的歷史。《聖經》分兩部，一為《舊約》，有人稱之為以色列的歷史，其實是記述上帝在兩、三千年之間和以色列人互動的經過，可以說是以色列的神人關係史。而《新約》記述了耶穌的生平和門徒彼得、保羅等人宣教的過程；所以，整本《聖經》實在是基督教萌芽時期的歷史紀錄。歷史對人是十分重要的，人是歷史的動物，人是活在歷史中。一個人有自己的成長史，他會想到兒時的歡樂或悲恐，他會想到少年時求學的情景，他會想到初入社會時的徬徨，他會想到戀愛時的甜蜜快樂，一個人除非得了失憶症，否則自己的成長歷史總會留在心裡，這些生命成長的歷史，甚至會影響現在的生活。此外，一個人也有自己家庭的歷史，像父母、祖父母怎樣把他撫養長大，兄弟姊妹間的互動如何，都是家庭歷史，他感受到這個家庭是溫暖還是冰冷的，是充滿愛還是充滿恨，這個家庭的歷史會影響他成年後的人格狀態。

所以人是活在歷史中，深深受著歷史的影響，於是人們不自覺地會重視歷史，關懷歷史。譬如說一個人和久未見面的朋友遇上了，第一句話幾乎都會說：「很久不見了，你好嗎？」這「你好嗎」三個字，表達的是「想知道你們沒見面的這段時間裡發生過什麼事情？」也就是這段時間裡對方的歷史。由於歷史是人活動的紀錄，人的活動五花八門，各有不同的故事，常能引起別人的興趣，所以歷史常是人們吸取知識的管道。一個基督徒多讀《聖經》才能了解基督教的發展歷史，從歷史上得到許多有關基督教的知識。

第四，讀《聖經》可以了解主的道是什麼。牧師常教人要走在主的道上，主的道就是上帝的道，也是耶穌的道。這是無形的道，不像馬路可以看得清楚，哪裡要轉彎、哪裡有坑洞，主的道是存在心裡的行為準則。在舊約時代，摩西提出了幾百條行為準則，到《新約》時代，耶穌並沒有列出行為準則，不過只要細讀《新約》，就能從耶穌和其中人物的言行事例中，體會出基督徒該遵守的行為準則。能守住這些行為準則，就是走在主的道上了。

以上提出四點讀《聖經》的益處，當然還有很多其他的益處，這只是我個人認為較重要的四點。

3 《聖經》裡有許多內容都是矛盾的？

深入當時的社會和思想結構去理解，去思考，就能突破矛盾與牴觸，才了解上帝其實也有一套待人處世的道理。

朋友提到，看《聖經》時感到很混亂，因為有很多矛盾的地方，不知道要以哪種說法為準？

的確，基督徒讀《聖經》不能只從文字表面去了解，如果只從文字表面來看《聖經》，會發現一部《聖經》其中存在著許多互相矛盾、互相牴觸之處，但深層去思考，就能理解其實並不衝突。我舉兩個例子來說明：

第一個例子是「以眼還眼，以牙還牙」。

在《舊約》裡有三次提到「以眼還眼，以牙還牙」，最清楚的說法是〈利未記〉第二十四章十七至二十一節：「打死人的必被治死，打死牲畜的，必賠上牲畜，以命償命。若使他鄰舍的身體有殘疾，他怎樣行，也要照樣向他行，以傷還傷，以眼還眼，以牙還牙，他怎樣叫人的身體有殘疾，也要照樣向他行，打死牲畜的，必賠上牲畜，打死人的，必被治死。」

但在《聖經》〈馬太福音〉第五章三十八節記載耶穌說：「有人打你的右臉，連左臉也轉過來由他打，有人想要告你，要拿你的裡衣，連外衣也由他拿去。有人強逼你走一里路，你就同他走二里。有求你的，就給他，有向你借貸的，不可推辭。」可見耶穌不喜歡「以眼還眼，以牙還牙」的主張，耶穌甚至更強調「要愛你們的仇敵，為那些逼迫你們的禱告。」如果只從字面上看，《舊約》和《新約》是互相矛盾的，但如果從這些看似矛盾的說法的深層——包括其背景和對象來看，則並不矛盾。「以眼還眼，以牙還牙」是法律審判的原則，耶穌「要愛你的仇敵」的主張，是基督徒個人的行為準則，兩者並不牴觸。

第二個例子是基督教是否排斥富人的問題。

〈路加福音〉第十二章十六至二十節記載耶穌講了一個故事，耶穌說：「有一個財主，田產豐盛，自己心裡思想說：『我的出產沒有地方收藏，怎麼辦呢？』又說：『我要這麼辦：要把我的倉房拆了，另蓋更大的，在那裡好收藏我一切的糧食和財物，然後要對我的靈魂說：靈魂哪，你有許多財物積存，可做多年的費用，只管安安逸逸地吃喝快樂吧！』神卻對他說：『無知的人哪，今夜必要你的靈魂，你所預備的要歸誰呢？』」〈馬太福音〉第十九章二十三節至二十四節記載耶穌對門徒說：「我實在告訴你們，財主進天國是難的。我又告訴你們，駱駝穿過針的眼，比財主進神的國還容易呢！」這兩段經文會讓人讀後覺得基督教是在排斥富人。

如果翻開《舊約》看看，上帝耶和華所喜悅的人，如亞伯拉罕、雅各、所羅門王、約伯等都是家產豐富，都是財主，可見上帝是賜財富給人的神。這樣看來，耶穌是不是在和上帝唱反調呢？其實，深入了解耶穌時代的社會背景就會發現，耶穌所說的富人是指法利賽人，不是泛指所有的富人。

從上面兩個例子，可見讀《聖經》不能只從字面上解釋，更要深入當時的社會和思想結構去理解。

基督徒必須讀《聖經》，《聖經》是基督徒心靈養分的來源，人需要實體食物，也需要心靈食物，《聖經》就是基督徒的心靈食物，讀《聖經》能讓基督徒得到心靈的飽足。但是，基督徒不要把《聖經》當救命仙丹，以為遇到危險急難時，去讀《聖經》就可以化解。化解危險急難的是上帝、是耶穌、是聖靈。

總之，基督徒要讀《聖經》。不過讀《聖經》只是一種工具，一個功課，一條指引基督徒走上神的道的途徑，其目的是增強信仰，對上帝、耶穌、聖靈的信仰；建立基督徒對神堅定的信心。有了堅定的信心，神便會與你同在，你的困難神必知道，你的禱告必蒙神垂聽，你面臨的困難和疑惑也將會得到解決。所以，堅定對神的信心才是基督徒要達到的目標，讀《聖經》乃是達到目標的途徑。

4 基督徒只讀《新約》，不要讀《舊約》？

《舊約》敘述的事情和人物很多，從中透露出上帝的全能和智慧，而《新約》中的典故多來自《舊約》，當然應該要讀《舊約》，而且要讀懂才是。

《聖經》分為兩大部分：前半部稱為《舊約》，共三十九卷，記載從上帝創造萬物開始到約西元前五世紀為止的事；後半部稱為《新約》，共二十七卷，記載耶穌降生為人和耶穌以後的事。

我有個朋友馬先生，已經八十多歲，信奉耶穌基督已經幾十年了，有一天，他告訴我，他和他的教友都只讀《新約》，不讀《舊約》。我很疑惑地問他為什麼不讀《舊約》，他很嚴肅地提出三個理由：

（一）《舊約》講的是猶太人的歷史，我們和猶太人毫無關聯，何必去讀猶太人的歷史？

（二）《舊約》裡有很多觀念和《新約》不同，譬如《舊約》強調要消滅仇敵，要把仇敵殺光，但《新約》裡，耶穌卻強調要愛你的仇敵，還要饒恕別人的罪過，甚至還要饒恕別人到七十個七次，這和《舊約》要殺盡仇敵完全相反，我們信奉《新約》，就沒辦法接受《舊約》。

（三）我們信奉耶穌基督，在《舊約》裡沒有耶穌，我們何必去讀《舊約》呢？

馬先生說他不讀《舊約》的三個理由，表面上看是有些道理的，然而，如果深入分析，他提的三個理由其實都似是而非。現在我來分析一下，為了敘述的方便，我會把以色列、猶太、希伯來交互使用，但所指的是相同的意思。

一、馬先生說《舊約》是猶太人的歷史，其實這種說法是不確實的。從形式上看，《舊約》第一卷〈創世記〉第一到第十一章都不是敘述猶太人的歷史，從第十二章開始才進入以猶太人為主軸的敘述，以後各卷記述了猶太民族的形成和發展，一直到猶太民族的「猶大國」滅亡。

表面上看來，《舊約》真像是一部猶太人的盛衰史。然而，仔細思考一下，《舊約》實在不是一部猶太人的歷史書，因為一部歷史書的內容至少要包含幾個部分：政治發展、政府組織、社會結構、經濟生活、文化表現等。在《舊約》中講到猶太人的宗教領袖和君主一代一代傳承的關係，這只是政治發展中最基本的敘述，至於這些領導人的政績如何？個人的人格特質是什麼？在他們領導期間發生哪些重大事件？和鄰近諸國的關係除了戰爭之外，相互的關係如何？《舊約》都沒有提到。

其實政府組織是十分重要的，一個國家不能只靠一個王統治全國，它必然要有行政組織結構，像中央政府和地方政府，而中央政府和地方政府一定又設官分職，才能發揮政治權力。在《舊約》裡看不到以色列政府的組織，除了君王以外，下面還有什麼官職？《舊約》沒有說明；政府官吏如何治理百姓？《舊約》也沒有提到。

猶太人的家族觀念相當深厚，這種社會一定會有強有力的宗族制度，但我們從《舊約》看，只知道他們有族長，至於宗族人員內部的關係如何？卻未見有詳細的記述。在任何的歷史大局中，經濟生活是極為重要的，經濟生活的安定與否，常是歷史事件轉折的關鍵。猶太人進入迦南地以後，他們的經濟生活如何？他們的稅賦制度如何？他們的衣食住行的情況如何？《舊約》除了記一些災荒之外，全未涉及猶太人的經濟生活。

文化是一個民族生命力的展現，文化包括學術思想、文學藝術、科技發明、宗教信仰等等，沒有任何一部歷史書籍不談文化的。《舊約》談到猶太人的文化表現只有宗教信仰，其他學術思想、文學藝術、科技發明等等都沒有提到。從上面的論述中，可見《舊約》不具備歷史書籍的條件，雖然有人說《舊約》從〈約書亞記〉到〈以斯帖記〉是「歷史書」，其實這幾卷只是記帳式地記述了當時一段歷史流程而已，不能算是真正的歷史。

我以一件事作為比喻。上個月，我參加了一個九十歲老先生的喪禮，這位老先生在大學任教，著作很多，也擔任過政府高級官員。在喪禮中，每位來賓拿到一張單頁，上面印了老先生的「傳略」，大約只有一千字。朋友們都知道這位老先生九十年的人生歲月十分精彩，高潮起伏，這一張「傳略」像是他的人生大事記，輕描淡寫，全無波瀾，這張「傳略」怎麼能說是他的歷史紀錄呢？《舊約》與此類似，《舊約》只記載了猶太人的一部分腳印，卻沒有記錄猶太人走路或行動時的動作、心情和想法，所以《舊約》不能算是以色列的歷史書。

此外，還有一點也證明《舊約》不是寫以色列的歷史，那就是《舊約》有兩大段空白時間。一是從雅各進入埃及，到摩西帶領希伯來人出埃及，這中間有四百多年時間。這四百多年是猶太民族的形成期，當初雅各帶領全家六十八人，為了逃避災荒來到埃及，在約瑟的庇護之下進入埃及，埃及法老賜給他們歌珊地居住，他們在埃及安居樂業，自由生活，人口迅速繁衍，四百多年後竟成為一個有兩百多萬人的民族。

可是四百多年後的希伯來人竟然成為埃及法老的奴隸。這四百多年對以色列人來說，是個極為重要的轉變時期，以色列由一個家族發展成為一個民族，由自由之民淪為奴隸之身，如此重大的演變，其過程如何？如果寫一部以色列歷史，這四百年是極為重要的年代，寫歷史的人一定不會略而不談，可是在《舊約》中，這四百年時間的紀錄卻是一片空白，可見《舊約》並不是在寫以色列的歷史。

《舊約》裡另一段空白時間是耶穌誕生之前的四百多年之間，從《舊約》最後一卷〈瑪拉基書〉到耶穌降生，相隔四百年，《舊約》中沒有任何紀錄。

其實，這四百多年是以色列歷史劇烈變化的一段時間，在這段時間裡，波斯帝國滅亡，以色列真正亡國，希臘的亞歷山大大帝統治了猶太地區，然後突然死亡，導致希臘帝國分裂。

猶太地區受到戰火的影響很大，從亞歷山大帝國分裂出來的多利買王國占據北非，西流基王國占領西亞，猶太地區也稱巴勒斯坦，正處於兩國之間，常成為戰場，猶太人最初受到多利買王國統治，後來被西流基王國統治。西流基王國強力推動希臘化政策，要把希臘文化植根在西亞地區，當西流基王國國王安提阿哥四世在位時，更使用強硬手段來推展希臘文化。西元前一六八年，他下令把希臘的宙斯神像送進耶路撒冷的聖殿內，猶太人認為這樣是褻瀆上帝，是奇恥大辱，忍無可忍，終於引發了西元前一六四年的馬加比革命，馬加比是猶太大祭司馬他提亞的兒子，率領猶太人攻入耶路撒冷，收復聖殿，清除所有異教物品，然後逐漸收復猶太地區的城邑。

到了西元前一世紀，羅馬帝國興起，不斷擴張版圖，西元前八十六年羅馬大軍攻陷希臘的雅典，西元前六十三年，羅馬將軍龐貝攻進巴勒斯坦，猶太地區成為羅馬帝國統治下的一個行省，猶太人成為羅馬帝國統治下的百姓。

除了政治的變革，猶太人的社會在這四百年間也起了變化。猶太人雖然亡了國，但他們仍信奉上帝耶和華，不過在猶太宗教信仰中出現了派系，其中最主要的是撒都該人和法利賽人，他們的差異是對律法的解釋不同，這會影響後來猶太歷史的發展。

耶穌降生前四百年既然非常重要，《舊約》竟然沒有任何敘述，可見《舊約》並不是在寫猶太歷史。

二、馬先生說《舊約》裡用殺戮的方式來對付仇敵，《新約》卻說要愛仇敵。的確，翻開《舊約》，上帝耶和華指示以色列人進入迦南地，要把迦南人滅絕淨盡；在《新約》裡，耶穌說要愛你的仇敵。表面上看來《舊約》與《新約》是相衝突的，其實不然。

在《舊約》裡，上帝要消滅迦南人，是因為迦南人惡貫滿盈。當時迦南人的社會充滿了罪惡，崇拜邪神，獻嬰兒為祭，到處姦淫、強暴、詭詐，是一個像所多瑪、蛾摩拉的社會，上帝覺得這個罪惡的社會，已是無可挽救，只好毀滅它了。這不是表示《舊約》中的上帝愛殺人，而是要「除惡務盡」。

同時，還要了解上帝指示時的環境背景。當時，以色列人初建國，四周強敵環伺，那些敵人都想消滅以色列國。在惡劣的環境中，以色列怎樣才能站立得住，最重要的是勇敢面對，所以在《舊約》中常可以看到「剛強壯膽」的訓示，上帝更要以色列人不要懼怕，如果膽怯便會遭到滅亡，唯有奮勇殺敵，敵死則我存。所以上帝要以色列人殺仇敵，也是一種不得已的求生之道。

到了《新約》，耶穌面臨的環境和一千多年前以色列初入迦南地的情景完全不一樣。耶穌出生時，以色列國已經滅亡，猶太人在政治上完全沒有地位和權力，所以四福音書裡，耶穌不談國家、民族和政治，耶穌談的都是屬於個人的問題。耶穌說要愛你的仇敵，是指一個人要愛另一個人，這種個人的問題幾乎偏向道德領域。於是才會產生和《舊約》不同的態度，《舊約》是站在國家民族求生存的立場，所以要殺仇敵以自救，耶穌則站在個人的立場，要人愛仇敵。

一個父親對待兒女要有公義，也要有憐憫。公義指的是督促、責備、處罰，憐憫指的是愛惜、保護、獎勵，所以當兒女行為偏差時，父親會加以糾正、打罵、責罰，當兒女行為正當時，父親會加以誇獎、稱讚、賞賜。《舊約》中的上帝常表現出來公義，《新約》中的耶穌常表現出憐憫，其實公義和憐憫都是神所具有的特質，神有時表現了公義，有時表現了憐憫，兩者並不衝突。

三、馬先生說《舊約》中沒有耶穌存在。我的看法是如果從字面來看，《舊約》裡確實沒有出現過「耶穌」這個名字和這個人，但其實耶穌在創世以前早就存在。在《舊約》〈創世記〉第一章二十六節說：「神說：『我們要照著我們的形象，按著我們的樣式造人。』」這句言詞中用「我們」（複數），而不是「我」（單數），可見在當時不止上帝一個神，至少還另有一個神，這另一個神就是上帝的獨生子耶穌。在《新約》〈約翰福音〉第八章五十六節，耶穌對猶太人說：「你們的祖宗亞伯拉罕歡歡喜喜地仰望我的日子，既看見了，就快樂。」耶穌又說：「還沒有亞伯拉罕就有了我。」可見在《舊約》時代耶穌就已經存在，只是耶穌是隱藏式的存在。

馬先生說他不讀《舊約》的三個理由，表面上看是有些道理的，但若看過前面的說明，應該已經明瞭這三個理由其實並不成立。在此我願整理並提出三點簡要的結論，讓大家更清楚讀《舊約》的必要性。

一、《舊約》不是以色列的歷史，《舊約》是上帝和以色列人相互溝通的紀錄，我們讀《舊約》不要看成是在讀以色列的歷史，我們讀《舊約》是要了解上帝的指示，揣摩上帝教人如何做人做事的原則，知道什麼是上帝的「道」。《舊約》裡有很多故事，不要只在意那些故事的本身，要去思想那些故事背後所隱藏的涵義和精神。《舊約》包含的時間很長，敘述的事情和人物很多，從這些事情和人物的故事中，會透露出上帝的全能和智慧，如果能夠仔細研讀，反覆深思，必然能使人在靈性上大大地提升。

二、耶穌從來沒有說祂是在倡導一個新宗教，耶穌是繼承《舊約》中摩西的思想，他在猶太會堂中講道，他教人讀的《聖經》就是《舊約》。耶穌常引用《舊約》中的經文，還常問別人：「這段經文你沒有讀過嗎？」可見耶穌對《舊約》是十分熟悉的，既然連耶穌都熟讀《舊約》，基督徒豈可不讀《舊約》呢？

三、在《新約》各篇章中常會提到一些典故，這些典故都是出自《舊約》，例如所多瑪、蛾摩拉、約拿的神蹟、摩西律法、割禮、亞伯拉罕、麥基洗德等等，都是《舊約》中的人和事。讀了《舊約》再來讀《新約》時，會更容易了解其中的深意。

從上面的說明，我要再強調一句，基督徒不可只讀《新約》，他應該還要讀《舊約》。

5 基督教思想中是以人，還是以神為主？

在基督教的世界中，神是本，人是從，上帝掌控人，高於人。而中國人認為道教、佛教和民間信仰的神，都是要為人服務的。雖都是宗教，但本質竟如此不同。

基督教是提倡神本思想的宗教，《聖經》裡表明宇宙間的萬事萬物，包括人類都是上帝耶和華所創造出來的。一切生命、事物的主宰者是神，人只是被造萬物中的一份子，被造者得聽命於創造者，創造者是本源，被造者是分流，如果本源斷絕，分流必然枯乾，所以本源是重要的，分流只是本源造成的現象。神是本源，所以神是最重要的，是一切被造者的根本，人是被造者，每個人都是一支分流。

當本源供給某一個分流充足豐沛的水量時，那個分流就形成一條大河；當本源給某一個分流稀少的水量時，那個分流就變成一條小溪；當本源斷絕了某一個分流的水量時，那一個分流就乾涸了。每一個分流的生命都來自本源，生命的興衰起伏不是自己所能決定，而是操之於本源的源頭。在這種理論建構之下，神乃是萬事萬物和生命的根本，於是，形成基督教的神本思想，神是本，人是從，神意高於人意，人要順服神。

翻開中國的歷史，會發現中國很晚才出現有系統性的宗教，從中國遠古時代的三皇、五帝到夏、商、周、秦、西漢，大約三千年間，中國人雖有鬼神之說，但並沒有一個真正的宗教出現，一直到東漢末年，才出現了本土宗教——道教和由印度引進的佛教，從東漢末年起，中國人才真正認識宗教。

固然，從遠古以來，中國人已經敬天拜天，認為天能掌控人，具有至高無上的權力，但中國人對天的觀念只是一個單獨的觀念，是一個抽象名詞，沒有發展成有系統又能影響人類現實生活的宗教理論。一直到中國文化已相當進步的東漢時代，中國人才接觸到宗教。在此之前，中國人除了敬天畏天之外，還是相信一切事物的發生是人所操縱掌控的，看看春秋戰國時代諸子百家的著作，都是在教導人認識自我，教導人了解人性，教導人如何以人的觀點處理事物。

從遠古以來，中國人就是重視歷史，中國歷史紀錄寫的全是人的活動表現，在中國歷史紀錄中極少講述神的訓示和指示，所以在中國文化中，神占的分量是極小的，一切的成敗得失、榮盛興衰，最大的動力都是來自人。於是中國文化中充滿濃濃的人本思想，人是這個世界的基礎，人是世界的主體，人是世界上最寶貴、最重要的資產。中國人雖然有了道教、佛教和一些民間信仰，但中國人認為道教、佛教和民間信仰的神都是要為人服務的，人是主、神是從，神的法力是跟隨人的請求而轉變的。神有超能力，但神的超能力是用在保護人的目的上，人如果需要神的保護，可以祈求和召喚神；人如果不需要保護，則人神各自獨立，互不相干。

所以中國人信仰宗教是功利的，是站在人的立場來信宗教。何況中國的許多宗教中的神都是人自己所創造出來的，像中國人信仰最多的媽祖、關公、濟公、王母娘娘、金母娘娘、三太子等等都是人捧出來的，人為什麼要捧這些神？因為他們的義行（不管這些義行是真是假）讓大家敬佩，就為他們建立廟宇，燒香膜拜。人們把自己敬佩的人轉換成有超能力的神，要這些被創造出來的神保護人，所以人仍是主體，神只是要達成主體願望而存在的工具，透露出的訊息便是人是主，神是從，這也反映出中國人的人本思想。

在人本思想影響之下，中國歷代的思想家、歷史學家、政治學家、社會學家，在分析道德問題、歷史問題、政治問題、社會問題、家庭問題等等問題時，對剖析的內容和重點結論都會放在「人」的上面，幾乎沒有學者會注意到「神」（指道教、佛教或中國人信的神）在問題中的地位和重要性，所有的問題和現象都由人而發生，由人而變化、由人來解決。

譬如一個政權為何會興起？為何會滅亡？一個家族為何會興旺？為何會衰敗？一個家庭為何會和睦？為何會破裂？一個人的事業為何會成功？為何會失敗？所有問題的分析都圍繞著「人」的因素打轉，沒有學者會思考「神」的因素。翻開二十五史，就會發現整部歷史都是人在操作，人在表演，看不到神（中國人的神）的影子，這顯示中國人對宗教觀念的淡薄。中國人常說：「禍福無門，由人自取。」中國實在是一個重人而輕神的社會。

相反地，在基督教的世界裡，神的地位遠高於人，一部《聖經》與其說是以色列的歷史，不如說是上帝帶領以色列人的歷史，上帝掌控人，掌控世界；上帝高於人，高於一切，這樣自然形成了神本思想。在神本思想的基礎上，神權高於一切，從西元四世紀開始，基督教成為羅馬帝國的國教，在羅馬帝國統治下的歐洲、非洲北部和中東地區的人民，全都信奉了基督教，羅馬教宗統治了廣大的地區，他的權力超過了羅馬皇帝和各國君主，教宗的行為代表了神的旨意，沒有人可以非議，於是神權高張，成為神本思想最濃厚的時期。

6 基督教中「活祭」的說法，是什麼意思？

「活祭」的意思是人活著時，奉獻赤誠投入傳遞福音的工作。而上帝對世人的態度，其基本精神是「愛」，若有疑問時先想到基本的根源，就不會產生誤會了。

如果從《聖經》觀察，神本是理所當然的事，於是人要絕對順服神，人是為神（上帝、耶穌）而活。人的生命是上帝所創造的，上帝會賦予人使命，人的一生就是為完成上帝所賦予的使命而活著，人活著的意義就是為神效力，於是出現基督徒要把自己當作「活祭」的說法，以致常讓人誤會。

關於「活祭」，我先講一個故事。

志遠是一個十三歲的小男孩，他的奶奶信道教、媽媽信基督教，志遠常跟媽媽去教會做禮拜，有一天，媽媽問志遠：「你要不要受洗成為基督徒？」志遠搖頭說：「不要！」媽媽很好奇地問：「為什麼？」志遠說：「我聽牧師說，基督徒要把自己當作活祭。我看過奶奶拜拜，奶奶把一隻雞殺了，拔了毛，放在鍋裡煮熟，沒有切開，一個沒毛的全雞放在大盤子上，那隻雞好像低著頭跪著，放在供桌上當作祭品。我看了覺得好可怕，死了的雞當祭品我都害怕，我如果當了基督徒，要變成活的祭品，那更可怕了，我不要當活祭品。」

志遠是誤會了「活祭」的意思，他只從字面上看，以為「活祭」就是「活的祭品」；其實「活祭」的意思是：基督徒要用他還「活」著的時間，全心全力做宣揚神福音的事。「祭」是「奉獻」的意思，但奉獻的不一定是性命。在《舊約》時代，以色列人用宰殺牛羊作為獻「祭」，但到了《舊約》末期，上帝透過幾位先知一再告訴以色列人，神不喜歡宰殺牛羊來獻祭，神要的是人誠心誠意地歸向神，所以神希望的祭品不是獻上性命，而是獻上對神赤誠效忠的心。可惜許多人讀《聖經》只從文字表面看，沒有從深層涵義來理解，以致造成許多誤解。

〈馬太福音〉第十九章十六節記載一個故事：「有一個人來見耶穌說：『夫子，我該做什麼善事，才能得永生？』耶穌對他說：『你為什麼以善事問我呢？只有一位是善的，你若要進入永生，就當遵守誡命。』他說：『什麼誡命？』耶穌說：『就是不可殺人，不可姦淫，不可偷盜，不可做假見證，當孝敬父母，又當愛人如己。』那少年人說：『這一切我都遵守了，還缺少什麼呢？』耶穌說：『你若願意做完全人，可去變賣你所有的，分給窮人，就必有財寶在天上，你還要來跟從我。』那少年人聽見這話，就憂憂愁愁地走了，因為他的產業很多。」

讀了這段經文，會讓人覺得耶穌是要信徒放棄財富，去做窮人，事實上並非如此。耶穌是希望那少年人能成為祂的門徒，作為門徒要放下世俗的一切名和利，把自己完全投入傳福音的工作中。耶穌的「門徒」是負有使命的人，就是後來的「傳道人」，他的人生要完全奉獻給神，達成神交付的使命。

但耶穌並沒有表示所有的「信徒」都要放棄自己的財產。基督徒相信上帝耶和華是賜「福」給人的神，這「福」包括財富。最顯著的例子是約伯和所羅門王，約伯和所羅門王不屬於「門徒」，也就是說他們不是專職的傳道人，他們是一般的信徒，但他們遵守神的誡命，上帝便賜給他們大量的財富。

我之所以要提「活祭」和少年人的故事，用意是在解釋上帝對世人的態度，其基本精神是「愛」，不是控制人，不是壓迫人。

現在讓我們回到神本和人本的問題上，基督教是以神為本，但基督教並不忽視人，整本《聖經》雖揭示神的旨意，也同時記述了人的活動與作為。《聖經》指出人是神所創造的，但人也有自由意志。基督教把神與人的關係定位如同父子，父子本是一體，關係親密。用一個比喻來說，一對夫妻生了一個小嬰兒，父母對這小嬰兒愛得不得了，家裡最好的東西都給了小嬰兒，嬰兒生病了，父母擔心得不得了，嬰兒跌了跤，父母心疼得不得了，嬰兒不吃東西，父母想盡辦法餵他吃，嬰兒笑了笑，父母便拍手大大歡呼。父母每天的心思都放在嬰兒身上，嬰兒成了家的中心點，請問這個家是以誰為本？是父母？還是嬰兒？能分得出來嗎？

耶穌願意被釘死在十字架上，為的是什麼？是要拯救世人的靈魂，以進入天國。就像一個父親為了要救掉到海裡的兒子，會奮不顧身地跳下海一樣，愛是神對人的基本態度，神對人的愛是沒有限度，不求回報的。

在《聖經》裡教導基督徒，人和神的關係就像父母和嬰兒一樣，緊密地生活在一起，牢不可分，人心中有神，神心中有人，神和人是合一的。在這種情形下，要分別神為本還是人為本，是沒有意義的。

在基督信仰之下，人要尊神為大，神也看人為重，所以沒有神本和人本對立的問題。神本、人本只是非基督徒從人的知識觀點所產生的討論課題而已。在基督教裡，神本和人本不是對立的，神本的表面現象是「神愛世人」，神要拯救人，而人本的基礎建立在敬神愛神，神賜福給人，所以基督教的神本暗藏著人本。在基督信仰裡，人本和神本並不衝突，不要以為基督教主張神本就反對人本，基督教的主張是尊神重人。

其實，從《聖經》體察，神和人並不處於同一等級上，而且神和人的性質也不相同，所以神和人是不能比較的，所以有了神本並不是就反對人本。

7 什麼是成功神學？求神就可以獲得成功嗎？

神不會有求必應，太多的祈求就是一種妄求，基督教的核心信仰是施比受更有福。否則貪婪、驕傲之心會悄悄地滋長起來。

近一、二十年來，有些教會高唱成功神學，牧師講道時常常將成功神學帶入其中，反應很好，很受信眾認同！教會的人數迅速擴增，然而有些人卻反對成功神學，這會令人感到奇怪，難道要反對成功嗎？

我們先要問什麼是成功神學？在正統神學理論中，似乎沒有成功神學這個名詞，成功神學一詞不知是誰創造出來的。雖然近一、二十年來許多牧師宣揚成功神學，但他們也很少用成功神學這個名詞，他們只是強調神會幫助人獲得成功，讓人心想事成，像美國約翰・奧斯汀牧師喜歡到處講述他無中生有地把一個大型室內體育場變成他的教會，這是神給他的奇蹟。約翰牧師在講道中總要講一些神幫助人獲得成功的故事，真的能振奮人心，聽約翰牧師的講道也的確會使人增加對神的信心，是極好的宣教。

不過，從許多宣揚成功神學的牧師口中發現，他們宣揚的成功神學偏重在神能幫助人事業成功，神能幫助人獲得健康，神能幫助人獲得財富，神能幫助人克服生活上的困難，神能幫助人躲避危險等等。這些講述都是正確的，因為神是大能的神，祂是無所不能的，祂有足夠的能力幫助人，祂也樂意幫助那些向祂祈求的人，然而牧師們講述的這些成功神學都傾向於財富、健康、生活等方面，太偏重於物質的獲得，這就令人不得不感到憂心。神給人的教導是著重在追求物質的獲得嗎？即使不錯，物質的滿足是人類追求的目標之一，但追求物質的獲得是神希望人類達到的重點嗎？

的確，《聖經》告訴我們，上帝是垂聽禱告的神，是能讓人實現願望的神。〈路加福音〉第十一章九至十三節，耶穌說：「我又告訴你們，你們祈求就給你們，尋找就尋見，叩門就給你們開門。因為凡祈求的就得著，尋找的就尋見，叩門的就給他開門。你們中間做父親的，誰有兒子求餅反給他石頭呢？求魚反拿蛇當魚給他呢？

求雞蛋反給他蠍子呢？你們雖然不好，尚且知道拿好東西給兒女，何況天父，豈不更將聖靈給求他的人嗎？」

〈馬太福音〉第二十一章二十二節，耶穌說：「你們禱告，無論求什麼，只要信，就必得著。」〈瑪拉基書〉第三章十節，耶和華說：「你們要將當納的十分之一全然送入倉庫，使我家有糧，以此試試我，是否為你們敞開天上的窗戶，傾福與你們，甚至無處可容。」

以上所引《聖經》的經文，都顯示神是一位願意慷慨付出的神，這就是有些牧師喜歡宣揚成功神學的原因。

不過，神會無限制地賜給嗎？從人生的實際經驗看，上帝並非有求必應的神，求而未得的實例，遠遠多於求而獲得的實例，太多人的祈求是不合於神的「道」，是一種妄求，當然得不到神的應允，不過，絕大多數的人不知道自己的祈求是妄求，只會抱怨神沒有回應他的祈求。

成功神學偏向物質層面的訴求，會帶來一個隱憂。由於努力追求物質層面的獲得，在物質層面獲得成功之後，貪婪、驕傲之心會悄悄地滋長起來。貪慾原本就是人類的劣根性之一，只是在教育、道德心理和生活環境的限制下，貪慾沒有發芽生長的條件。一旦那些限制的圍籬出現了破口，貪慾就會萌芽、開花，在貪慾意念奔馳之下，就會做出許多敗德犯罪的事。

韓國有一位極為有名的大牧師，在他領導之下，韓國出現了基督教復興的榮景，韓國基督徒人數以不可思議的速度增長，教會也不斷興建、增加。這位大牧師成為成功神學的典範人物，他個人的財富和名望在韓國都居於頂尖的地位，然而他抵擋不了貪慾的意念，竟然利用他的地位挪用鉅額公款以圖謀私利，最後東窗事發，被移送法辦，後被法院判決有罪而關進監獄。

另外一件類似的事例是，新加坡一位極受教友喜愛的大牧師，他的聲名響遍全世界華人基督徒圈，也是一位成功神學的宣揚者和成功的典範人物，同樣受不了貪慾的誘惑，將大量公款挪用以圖謀私利，終於鋃鐺入獄。這兩個事例都顯示出在物質層面的成功可以獲得名與利，然而貪慾的魔爪會悄悄伸出來，破壞所有的善與美。

追求成功是神和人共同的理想，神也希望成功，我們可以從以色列歷史找到證據。神的計畫是要把迦南地賜給以色列人，早在亞伯拉罕還活著的時候，神就對亞伯拉罕說要把迦南地賜給他的子孫。到摩西時，神指導摩西帶領以色列人離開埃及，過了紅海，到了曠野，神的意思是要以色列人迅速走過曠野，渡過約旦河，進入迦南地，但是以色列人膽怯，不敢過河。神大發烈怒，便罰以色列人在曠野繞行四十年，等膽怯的以色列人都死了，新一代的以色列人在神的引導下終於過了約旦河，進入迦南地。從這段歷史可以看出來，神是在努力追求成功。不過，神要的成功不是給以色列人一片肥沃的土地和豐盛的物產，而是要以色列人在迦南地能恪守祂的律例規章，形成一個聖潔的民族，作為全人類的典範。

神所要追求的成功不是物質層面的豐富。在《聖經》中，物質層面最成功的人是所羅門王，當時所羅門王的財寶勝過天下的列王，所羅門王有妃七百，都是公主，還有嬪三百，所羅門王又擁有豪華的宮殿，宮中一切的器皿都是用精金打造，過著極奢侈的生活，在物質上的獲得之多，世上無人可比，但卻造成所羅門王去敬拜別神，於是惹起耶和華的怒氣。

《聖經》〈列王紀上〉第十一章九節記載：「耶和華向所羅門發怒，因為他的心偏離向他兩次顯現的耶和華以色列的神。耶和華曾吩咐他不可隨從別神，他卻沒有遵守耶和華所吩咐的，所以耶和華對他說：『你既行了這事，不遵守我所吩咐你守的約和律例，我必將你的國奪回，賜給你的臣子。然而，因你父親大衛的緣故，我不在你活著的日子行這事，必從你兒子的手中將國奪回，只是我不將全國奪回，要因我僕人大衛和我所選擇的耶路撒冷，還留一支派給你的兒子。』」

果然在所羅門死後，以色列便分裂為南國猶大國和北國以色列國，國勢從此一落千丈，不斷受到外敵的攻擊，終致亡國。

這個歷史事例顯示物質層面的成功只是過眼雲煙，終必煙消雲散，化為烏有。神並不在乎地上的物質財寶，所以耶穌勸人要積財寶在天上，而不是保守地上的財富，〈馬太福音〉第六章二十五至二十七節，耶穌說：「不要為生命憂慮吃什麼，喝什麼，為身體憂慮穿什麼，生命不勝於飲食嗎？身體不勝於衣裳嗎？你們看那天上的飛鳥，也不種也不收，也不積蓄在倉裡，你們的天父尚且養活牠，你們不比飛鳥貴重得多嗎？你們哪一個能用思慮使壽數多加一刻呢？」在〈路加福音〉第十二章十六至二十節，耶穌說：「有一個財主田產豐盛，自己心裡思想說：『我的出產沒有地方收藏，怎麼辦呢？』又說：『我要這麼辦，要把我的倉房拆了，另蓋更大的，在那裡好收藏我一切的糧食和財物，然後對我的靈魂說，靈魂哪，你有許多財物積存，可做多年的費用，只管安安逸逸地吃喝快樂吧！』神卻對他說：『無知的人哪，今夜必要你的靈魂。你所預備的，要歸誰呢？』」

從耶穌的話語中可以看出來，祂重視的是未來的天國，對現實世界的財富是不在意的。耶穌出來宣揚福音，物質生活是極為貧乏的，〈路加福音〉第九章五十八節，祂說：「狐狸有洞，天空的飛鳥有窩，只是人子沒有枕頭的地方。」

耶穌是神，祂要求天父給祂一點財富乃是輕而易舉的事，耶穌為什麼不求？因為耶穌降臨人世不是為了財富，而是為了宣揚福音。

此外，成功神學太偏向於人間物質層面的「獲得」，這和基督教的核心信仰是有差距的，基督信仰的核心在「愛」，「愛」是「付出」，付出精神層面的關懷安慰和物質層面的救濟援助，所以愛是給予而非獲取。

德蕾莎修女原本是印度加爾各答一所貴族學校的校長，收入豐厚，生活富裕。她如果依照成功神學的路子，她可以擴充校舍，增收學生，使學校業務發達，賺更多的錢，然而她竟捨棄校長的職務，跑到加爾各答貧民區去義務照顧貧病孤苦的人，這是完全的付出，付出了她全部的愛心。這種作為和成功神學相反，但這才是表達出基督信仰的核心。

總而言之，我不是反對成功神學，我也贊成神樂意幫助人獲得成功的說法。但我想強調的是，基督徒要認清自己所追求成功的對象是什麼，基督徒不要太戀慕世俗的名和利，要看重的是把愛心送到人間。基督徒不要抱著「獲得越多越有福」，要時時刻刻想著「施比受有福」。

8 「三位一體」是什麼意思？

「三位一體」是基督教神學的專有名詞，是指聖父、聖子、聖靈，創用這個名詞與歷史背景有關。但基督教是一神教，所以這「三位一體」就是三一神。

「三位一體」是基督教神學的專有名詞，「三位一體」是一般通俗的用詞，正式的名詞是「三一上帝」或「三一神」（the Triune God），這是基督教神學家特士良首先創用，不過「三」的觀念在《聖經》裡早已出現。「三位一體」或「三一神」的「三」是什麼？答案是聖父、聖子、聖靈。

聖父就是上帝耶和華，聖子就是耶穌基督，聖靈就是上帝耶和華的靈、耶穌基督的靈。為什麼基督教神學家要創出「三一神」的論述呢？這與歷史背景有關。

在《舊約》中一再提出上帝耶和華是唯一的真神，在「十誡」中明白記載，「除了我（耶和華）以外，你不可有別的神。」所以，基督教是一神教是無庸置疑的。尤其在以色列的南國、北國都滅亡後，猶太人成了亡國奴，在痛定思痛之下，猶太人自我反省亡國之因，認為是對耶和華信仰的不夠忠心，於是深切自責，遂造成亡國後的猶太人對上帝耶和華更為忠心，尤其對於摩西五經更是人人必須熟讀，「十誡」是人人都會背誦的，既然《舊約》中強調耶和華是唯一的真神，猶太人當然堅定信仰除耶和華外別無他神的訓示。

然而，《新約》裡記載耶穌的事跡，表明耶穌也是神，《新約》裡又出現聖靈，聖靈也是神。如果照《新約》的說法，除了上帝耶和華之外，又出現了耶穌和聖靈兩位神，這是違反一神論的原則，令猶太人難以接受，所以多數猶太人都認為耶穌是先知，不是神，聖靈也不是神。

甚至在教會初期，有少數猶太人基督教神學家也認同這種說法，主張絕對一神論，或神格唯一論，或形相論，其中以第三世紀的撒伯流（Sabellins）最為有名。他主張只有一位上帝，這位上帝在三段時間裡以三種不同形相（Mode）彰顯，有如一個人分別戴上三個不同的面具，例如戴上聖子的面具時就是聖子形相，戴上聖靈面具時便是聖靈形相。但是這種絕對單一的上帝說法會產生一個神學難題，就是當耶穌被釘死在十字架上時，難道也是上帝耶和華被釘死嗎？難怪撒伯流的形相論會被初代教會視為異端。

《新約》把聖父、聖子、聖靈都看成神，彼此密切關聯，因而出現了「三一」的概念，譬如〈馬太福音〉第二十八章十九節，耶穌對門徒說：「你們要去使萬民做我的門徒，奉父、子、聖靈的名，給他們施洗。」這是耶穌對聖父、聖子、聖靈並列的「三一」概念的明白宣示；此外，耶穌受洗的情景更顯示了「三」的觀念，耶穌受施洗約翰的洗的經過，在四福音中都有記載，內容是一致的。以〈馬可福音〉第一章九至十一節的紀載為例：「那時，耶穌從加利利的拿撒勒來，在約旦河裡受了約翰的洗，他從水裡一上來，就看見天裂開了，聖靈彷彿鴿子，降在他身上。又有聲音從天上來，說：『你是我的愛子，我喜悅你。』」這段紀載把聖父、聖子、聖靈一同顯現出來，一神成「三」形是存在的。

9 基督教是一神教，為何有三個神？

三一神的說法很容易讓人混淆，基督教到底是主張一神還是三神，「三中有一，一中有三」是神學理論，一般人較難理解，事實上不是三個神，而是三個位格。

這裡要講「三位一體」的「位」是什麼意思？「位」不是「個」，「三位」不能說成「三個」，這個「位」的意思是「位格」，位格不是指兩個個體的本質，而是指個體的特質、特性，也就是說神只有一個，表現出不同的特質。所以有人把聖父、聖子、聖靈稱為聖父上帝、聖子上帝、聖靈上帝，如果只講「神」，就表示包含了聖父上帝、聖子上帝和聖靈上帝。

聖父、聖子、聖靈的區別，是指他們相互的關係而不是他們的本質，因為聖父、聖子、聖靈的本質是合一的，在本質上同是上帝。是「一」不是「三」，但在特質上又是「三」，這種「三而一」又「一而三」的關係，在人世間幾乎找不到相同的例子。

有人把三一神比作水，水有三種形態，固體的水叫冰、液體的水叫水，氣體的水叫水蒸氣。然而水雖有三種形態，但特質卻是一樣的；而三種形態不能並存，不能說它又是冰，又是水，又是水蒸氣。此外，水的三種形態變化不是它本身主動改變，是受到環境和溫度的操控，所以這個比擬並不正確。

有人以人的角色來比擬，某人是一家公司的董事長，又是一個慈善機構的財務長，又是一個大學的教授。當他到公司上班時，員工稱他為董事長，當他到慈善機構時，人們稱他為財務長，當他去大學上課時，學生叫他老師，不管是叫他董事長或財務長或老師，他仍是一個人。這種說法有點像撒伯流「形相論」的面具說，照這種說法，對耶穌受洗時，聖父、聖子、聖靈同時出現，實在難以解釋。

其實，「三位一體」是神國裡的結構和現象，三即是一，一又是三，這是人世間很難理解的事，在人世間也很難找到可以比擬的實例。

人類是靠著觀察、體驗和邏輯獲取知識，觀察、體驗越多，邏輯推演越密，知識便越增長，所以人類的知識是逐漸在擴大。十五世紀的人，其知識面比五世紀的人廣，二十世紀的人知識面比十五世紀的人廣，人類對許多事物由不知而漸知而熟知，這就是知識的進步。當人們對某一事物還不知時，某一事物的「理」是否已經存在？當然是已經存在了，怎麼會存在？這是上帝創造宇宙萬物時已經放置在人世間了，只是人類還不知道，要等人類用觀察、體驗等方法來窺探上帝藏置的祕密。每窺探到一種理或物的祕密，人類的知識就往前邁進一步，人類知識不斷進步，就表示人類不斷地發現了上帝的奧祕，難怪《聖經》說耶和華賜人智慧、知識與聰明。

人類的知識不斷在進步，所以不能以現在尚不知之事就認為不存在，人們對三一神說也不能覺得沒有事例可以比擬便加以否定。

三一神是指聖父上帝、聖子上帝、聖靈上帝，三者在本質上都是上帝（神），是合一的，但三者各有其特質或特性，各有各的表現，在《聖經》裡已經講到三者彼此的關係。在《新約》彼得前書一章一至二節說：「耶穌基督的使徒彼得寫信給那分散在本都、加拉太、加帕多家、亞細亞、庇推尼寄居的，就是照父神的先見被揀選，藉著聖靈得成聖潔，以致順服耶穌基督，又蒙他血所灑的人，願恩惠平安多多地加給你們。」這段經文是使用了三一神表達格式，這段話說：那些分散各地寄居的，就是被「聖父上帝」揀選，被「聖靈上帝」聖潔化，被「聖子上帝」的血所灑的人。在這段話裡，神的三個位格全出現了。

在《新約》〈希伯來書〉第九章十四節說：「何況基督藉著永遠的靈，將自己無瑕無疵獻給神，他的血豈不更能洗淨你們的心，除去你們的死行，使你們事奉那永生神嗎？」這段話是說「聖子上帝」（耶穌）藉著「聖靈上帝」（永遠的靈）將自己無瑕無疵地獻給聖父上帝（神），在這段經文裡，也是神的三個位格同時呈現出來。

在《新約》〈羅馬書〉第八章十一節說：「然而叫耶穌從死裡復活者的靈若住在你們心裡，那叫耶穌從死裡復活的，也必藉著住在你們心裡的聖靈，使你們必死的身體又活過來。」這段經文同樣將神的三個位格一起呈現。經文中「叫耶穌從死裡復活的」是聖父上帝，「耶穌」是聖子上帝，「靈」和「聖靈」是聖靈上帝。而且這段經文也顯示出聖父、聖子、聖靈互動的關係，聖父是源頭，是天上最高權力的來源和發動者，聖子是聖父和人類溝通的管道。所以〈約翰福音〉第十四章六節中，耶穌說：「我就是道路、真理、生命，若不藉著我，沒有人能到父那裡去。」聖靈是聖父、聖子和人的接觸點，也是神旨意的執行者，這是三者的關係和特質，三者各有所司，但三者的心意是完全一致的，這就是三中有一，一中有三，所以稱三一神。

在《新約》〈哥林多後書〉第十三章十四節有一段經文：「願主耶穌基督的恩惠、神（天父）的慈愛、聖靈的感動，常與你們眾人同在。」這段經文經常是牧師在講完道或聚會結束時會講的祝福辭。這段話明顯地表示三一神的精神。

基督教絕對不是多神論，基督教是一神論，然而三位一體或三一神的說法很容易讓人混淆，基督教到底是主張一神還是三神。其實，三一神的觀念是神學理論之一，一般人缺乏神學的素養，對「三中有一，一中有三」的說法往往難以理解，有時會越辯越糊塗，所以除了神學研究者外，一般人大可不必去鑽研三一神說或三位一體說。一般人最重要的是信有神，信有上帝、基督、聖靈，多讀《聖經》，從《聖經》裡去領會神的旨意和神的道，這樣也就夠了。

10 強調饒恕的基督教，為何又說「以眼還眼，以牙還牙」？

《聖經》中提到的「以眼還眼，以牙還牙」，代表的意思不是尋仇報復的行為，而是律法的法規，就像中國古時漢朝的約法三章。

有一個朋友問我：「《聖經》裡主張『以眼還眼，以牙還牙』，可是《聖經》又說要饒恕，這不是互相矛盾嗎？」

的確，《聖經》裡有「以眼還眼，以牙還牙」的話，並且也一再提到要饒恕敵人。這樣看起來，《聖經》記載的主張似乎是互相矛盾、衝突的，但是如果深入分析，就會發現兩者並不互相矛盾。下面就分析一下這個問題。

在《聖經》裡共有四次提到「以眼還眼，以牙還牙」，三次在《舊約》，一次在《新約》，我們先將《舊約》中提到「以眼還眼，以牙還牙」的經文引出來，仔細說一說。

一、〈出埃及記〉第二十一章二十二至至二十五節：「人若彼此爭鬥，傷害有孕的婦人，甚至墜胎，隨後卻無別害，那傷害她的，總要按婦人的丈夫所要的，照審判官所斷的受罰。若有別害，就要以命償命，**以眼還眼，以牙還牙**，以手還手，以腳還腳，以烙還烙，以傷還傷，以打還打。」

二、〈利未記〉第二十四章十七至二十一節：「打死人的，必被治死，打死牲畜的，必賠牲畜，以命償命。若使他鄰舍的身體有殘疾，他怎樣行，也要照樣向他行。以傷還傷，**以眼還眼，以牙還牙**，他怎樣叫人的身體有殘疾，也要照樣向他行。打死牲畜的，必賠上牲畜，打死人的，必被治死。」

三、〈申命記〉第十九章十七至二十一節：「這兩個爭訟的人就要站在耶和華面前，和當時的祭司，並審判官面前，審判官要細細地查究……你眼不可顧惜，要以命償命，**以眼還眼，以牙還牙**，以手還手，以腳還腳。」

以上三段有關「以眼還眼，以牙還牙」的紀載，我們發現都是在法律訴訟時出現的，屬於摩西律法的一部分，所以「以眼還眼，以牙還牙」是當時猶太人的法律原則，審判官按照這個法律原則來處理案件。

「以眼還眼，以牙還牙」是一種報復主義的思想。報復主義在法律上有其必要性，因為法律是維護社會秩序和公平的工具，讓惡人受到懲罰才能嚇阻惡人犯罪，如果惡人做了壞事卻不受懲罰，那就會鼓勵惡人繼續做壞事，而且會越做越大，所以法律中的懲罰是不可缺少的，然而懲罰的標準如何？在較原始的社會中，還沒有發展出細密的刑罰制度，最簡單而又最容易被人們接受的辦法，便是罪罰相抵，也就是犯了什麼樣的罪，犯罪的人就要接受相同的處罰。一個人如果殺了人，他要接受法律的懲罰就是死（審判官要殺掉那殺人者）。在《舊約》裡，摩西的律法就舉例說明這種罪與罰相抵的原則，譬如〈出埃及記〉中就有許多這樣的內容，說明摩西的律法是罪與罰相抵。如：

〈出埃及記〉第二十一章十二節說：「打人以致打死的，必要把他治死。」

〈出埃及記〉第二十二章一節說：「人若偷牛或羊，無論是宰了，是賣了，他就要以五牛賠一牛，四羊賠一羊。」

〈出埃及記〉第二十二章五節說：「人若在田間或葡萄園裡放牲畜，任憑牲畜到別人的田裡去吃，就必拿自己田間上好的，和葡萄園上好的賠還。」

〈出埃及記〉第二十二章七節說：「人若將銀錢或家具交付鄰舍看守，這物從那人的家被偷去，若把賊找到了，賊要加倍賠還。」這些都說明摩西的律法是罪與罰相抵。

其實罪與罰相抵是古代法律中常見的通則，在上古時代的巴比倫王國就有著名的《漢摩拉比法典》，這部法典仍很完整地保存到今天，其在漢摩拉比法典中就採用「以眼還眼，以牙還牙」的原則作為審判的標準。

在中國也有類似的例子，秦始皇統一中國以後，採取嚴刑重罰的政策，法令多如牛毛，而且小罪重罰，像亂倒垃圾甚至會被處死刑，弄得百姓手足無措、惶惶不安，不知道自己哪些舉動違反了法令，甚而大禍臨頭。當秦始皇死了，秦二世即位，動亂立刻發生，全國到處有人起來領導百姓反秦。

其中最大的兩股反秦勢力是項羽和劉邦。劉邦和項羽約定，各自領兵從江蘇、山東出發，分頭進攻秦的首都咸陽（今陝西咸陽），項羽領兵走北路進攻咸陽，劉邦則領兵從南路進攻咸陽。項羽的軍隊遭到秦朝的軍隊強力抵抗，所以進展較慢，劉邦走南路，一路很少有秦軍抵抗，於是很快就進入咸陽。

劉邦占領了首都以後，第一件事便是宣布廢除秦朝的法令，和百姓約法三章，把多如牛毛又十分嚴酷的法令廢掉，只宣布三條法令，既簡單又合理，於是劉邦獲得百姓的擁護。

什麼是「約法三章」？「約法三章」就是三條法令原則：「殺人者死，傷人及盜抵罪」，第一條是殺人者要被處死，第二條是傷害別人的人要接受相等的處罰，第三條是盜賊偷或搶別人的錢財要賠償相等價值的財物。其實，這「約法三章」就是罪與罰相抵的原則，和《舊約》所講的「以命償命，以眼還眼，以牙還牙，以手還手，以腳還腳，以烙還烙，以傷還傷，以打還打。」是一樣的意思。

從上面的說明可以了解「以眼還眼，以牙還牙」是法律上罪與罰相抵的原則，由審判官利用此原則來審判司法案件，而千萬不要把「以眼還眼，以牙還牙」誤解為可以私相報仇的意思。常看到小說裡，一個人在受到別人傷害後，會想盡辦法去報仇，讓那傷害他的人也遭到傷害，報完仇後，他還會理直氣壯地說：「這是以眼還眼，以牙還牙。」其實，這是他對「以眼還眼，以牙還牙」的誤解，「以眼還眼，以牙還牙」不是指允許私下報仇，而是指法律的審判。

「以眼還眼，以牙還牙」在《新約》裡也出現過一次。《馬太福音》第五章三十八節，記載了耶穌說的一段話：「你們聽見有話說：『以眼還眼，以牙還牙。』只是我告訴你們，不要與惡人作對，有人打你的右臉，連左臉也轉過來由他打，有人想要告你，要拿你的裡衣，連外衣也由他拿去。有人強逼你走一里路，你就同他走二里。有求你的，就給他。有向你借貸的，不可推辭。」

耶穌在這段話裡並沒有說他反對「以眼還眼，以牙還牙」的主張，耶穌用「只是」

兩個字來表達祂自己的看法，耶穌的看法是不要與惡人作對，惡人欺侮你，你就忍耐和接受，而且要加倍接受，所以說有人打你左臉，你要連右臉也讓他打，有人要拿你的裡衣，連外衣也給他。可見耶穌不喜歡「以眼還眼，以牙還牙」的主張，耶穌更進一步強調「要愛你們的仇敵，為那逼迫你們的禱告。」

「以眼還眼，以牙還牙」是摩西律法的一部分，耶穌雖然不很贊成，但也沒有明白反對。那麼耶穌為什麼要說「不要與惡人作對」？因為耶穌主張饒恕，在《聖經》裡記載耶穌的門徒彼得問耶穌，如果有弟兄得罪我，我當饒恕他幾次呢？到七次可以嗎？耶穌說，不是到七次，乃是到七十個七次。耶穌所說七十個七次就是無止境地饒恕。饒恕是耶穌思想中極重要的一環，因為耶穌思想的核心是愛，愛就是要無止境地饒恕。

饒恕屬於個人道德範疇，「以眼還眼，以牙還牙」屬於法律範疇，兩者並不互相衝突，兩者在各自的範疇內運作。我們不妨用下面這個故事來說明。

在法庭上，法官正審理一件殺人案。

一個二十一歲的年輕人李家輝，高中畢業後沒考上大學，由於是家裡的獨生子，母親對他過度溺愛，造成他狂妄自大、脾氣暴躁，時常喜歡和人吵架、打架，沒考上大學，又不想去找工作，每天在外閒逛，遊蕩街頭，只顧吃喝玩樂，缺錢就向父母伸手要錢，母親雖然會嘀咕幾句，但仍會給他錢。

有一天下午，他回家要錢，母親不在家，他就向父親要五萬塊，父親一聽就叫起來：「五萬不是一個小數目，你要這麼多錢幹什麼？」他理直氣壯地說：「我答應小惠，明天騎車載她到陽明山去玩，我今天得趕快買一台新機車。」父親生氣地說：「你大學沒考上，又不找工作，每天遊手好閒，真不像個樣子，你看隔壁的阿榮和你一起上小學，現在阿榮大學都快畢業了，你怎麼這樣不成材？」家輝不耐煩地說：「少嚕嗦，快拿錢來。」父親說：「今天不能給你錢。」

家輝大怒，一手抓住父親上衣的領子，瞪著大眼，狠狠地說：「不要惹我生氣，快拿錢來。」父親大怒，一巴掌打在家輝臉上。不料，家輝從褲子口袋裡拿出一把刀子，一刀就刺進父親的胸膛，父親立刻倒下去，當場死亡。

在法庭上，母親泣不成聲，對法官說：「我願意饒恕家輝，請法官免了他的罪吧！」法官很嚴肅地說：「妳願意饒恕妳的兒子，那是妳個人的心態，但妳兒子是殺人兇手，尤其殺的是他的父親，這是嚴重的刑事案件，法律上規定兇手是要負刑責的，如此才能彰顯社會的公平正義原則；所以，妳可以饒恕妳的兒子，但是法律也要妳兒子承擔應有的懲罰。」

從上面的故事中，可以知道個人的饒恕不能消除法律責任，所以，耶穌並沒有反對「以眼還眼，以牙還牙」，耶穌也提出容忍和饒恕，耶穌其實是在暗示人們，遇到和人爭執的時候，不要去找審判官，用律法解決，而是用道德方式來化解紛爭。

在四福音中，耶穌極少談到政治和法律。〈馬太福音〉中記載，有人同耶穌說：「納稅給該撒可以不可以？」耶穌回答：「該撒的物當歸給該撒，神的物當歸給神。」耶穌降生人世，為的是傳揚神的福音，而政治、法律都屬該撒管轄，所以耶穌不想去碰觸政治和法律，他也希望猶太人不要去碰觸政治和法律。

在〈馬太福音〉第十八章十五至十七節，記載耶穌教訓猶太人的話：「倘若你的弟兄得罪你，你就去，趁著只有他和你在一處的時候，指出他的錯來，他若聽你，你便得了你的弟兄。他若不聽，你就另外帶一兩個人同去，要憑兩三個人的口作見證，句句都可定準。若是不聽他們，就告訴教會。若是不聽教會，就看他像外邦人和稅吏一樣。」耶穌這段話明白告訴大家，遇到別人得罪你，最好的方式是和解，如果和解不成，可以告訴教會，如果教會也不能使別人和你和解，「就看他像外邦人和稅吏一樣。」所謂外邦人和稅吏就是「非我族類」，意思就是對這種人不要和他計較，也不要理會他。耶穌沒有主張可以告到官府，請求法律審判。

耶穌不喜歡尋求律法審判，因為耶穌思想的核心是愛。愛是溫暖、包容的，而律法則是冷酷、僵硬的，所以耶穌希望人們發揮愛心，能夠自我反省、悔改、容忍、饒恕，不要走上「以眼還眼，以牙還牙」的法律途徑。

總而言之，《聖經》裡提到「以眼還眼，以牙還牙」乃是一條法律原則，不要誤解為可以私下報仇。《聖經》教人要看重的是容忍和饒恕，一個人如果天天都在想「以眼還眼，以牙還牙」，這個人一定是心焦氣短，生活痛苦，如果他學會容忍和饒恕，他會覺得天高地闊，生活舒暢。所以，基督徒希望用容忍和饒恕來解決問題，而不希望走上法律的路子，用「以眼還眼，以牙還牙」的方式來解決問題。

11 歷史上基督教參與許多戰爭，是因為好戰嗎？

歷史上，十字軍東征明顯為基督教的戰爭，但了解基督教的真正精神要從《聖經》來看，不能只靠歷史來判斷，《聖經》中的戰爭都其來有自，而非好戰。耶穌思想的本質是愛，從《聖經》記載的故事中可以感受到。

有一天，我的朋友劉教授到我家來聊天，談到了基督教，劉教授讀過《聖經》，也曾去教會聽講道，但他沒有受洗，且他對基督教有一大堆疑問，這天他提出一個問題：「基督教具有侵略性嗎？」他從基督教的歷史中舉出許多例子，說明基督教參加過許多戰爭，基督教似乎很好戰，劉教授舉的例子如下：

以色列人進入迦南地，是《聖經》裡的大事。當時的迦南地就是現今的巴勒斯坦地區，迦南地原本有好幾個民族居住，以色列人在上帝耶和華的幫助下，以武力攻占迦南土地，而且殺了不少迦南地的原住民。這是赤裸裸的侵略行為，《聖經》卻視為以色列人的大成就。

另外一個更明顯的例子是「十字軍東征」。十字軍東征是一個持續了兩百多年的運動，也是一連串的戰爭，於一〇九五年由羅馬教宗烏爾班二世在克里孟特所發動，當時信仰回教的土耳其人崛起，攻占了耶路撒冷，並且威脅到康士坦丁堡，康士坦丁堡是基督教在東方最重要的據點，羅馬教宗烏爾班二世呼籲歐洲的基督徒一起援助東方的基督徒，收復耶路撒冷。教宗的呼籲得到熱烈的響應，歐洲的基督徒自動聚集起來，準備向耶路撒冷前進，他們認為這次攻打耶路撒冷是為上帝而戰，每個人胸前都佩戴著一個十字架的標誌，所以被稱為「十字軍」。

十字軍是受羅馬教廷鼓勵而成立的，當時羅馬教宗的權勢超越羅馬帝國皇帝和各國國王、貴族，教宗烏爾班二世的呼籲被視為上帝的旨意，更何況教宗還給予參加十字軍者免稅的好處；在監獄的罪犯，如果是因債務而被判罪者，可以免去他們的債務；又向參加十字軍者保證，他們可以優先進入天國，於是歐洲的基督徒便爭先恐後地參加十字軍。

十字軍是可以自由加入的，所以組成十字軍的分子十分複雜，有國王、貴族、教士、武士、商人、農民、工人、奴隸，甚至有流氓、盜賊、囚犯……這些人沒有正式的組織，沒有經過軍事訓練，也沒有嚴密的指揮系統，可說是一群胡亂拼湊的烏合之眾。他們雖然在教宗領導之下有一個統一的目標——收復耶路撒冷，但事實上，他們各懷鬼胎，各有自己私心的打算。像那些國王、貴族是想在東方建立一個新國家，擴張自己的領土；像那些武士是想乘機在東方搶奪土地，打出一片天下；像那些商人是想到東方挖掘新財源；像一些流氓、盜賊、逃犯是想到東方去大肆搶掠財物，發戰爭財。所以，十字軍裡人人各懷鬼胎，各有私心打算，但大家都頭戴著一頂上帝的大帽子。

第一次十字軍東征大約有五萬人，浩浩蕩蕩來到東羅馬帝國的首都康士坦丁堡。東羅馬皇帝亞爾克修原來希望教宗烏爾班二世能派一支正規軍前來，沒想到來的竟然是一支包括許多國王、貴族組成的雜牌軍，十字軍到達康士坦丁堡後軍紀不良，讓康士坦丁堡的百姓受到很大的傷害，也使東羅馬皇帝不安，趕緊請十字軍渡過博斯普魯斯海峽，到小亞細亞去。這時十字軍有很好的機會，因為他們的敵人伊斯蘭教內部發生分裂，使十字軍得以攻入敘利亞和巴勒斯坦，但第一次十字軍不久便瓦解。不過，第二次十字軍接續而來，和伊斯蘭教的穆斯林發生激戰，終於奪下耶路撒冷，但耶路撒冷已是血流成河，穆斯林和基督徒的屍體堆滿城市的街道。

十字軍進入敘利亞和巴勒斯坦後，先後建立了四個政權，但在中東地區基督徒人數太少，絕大多數是穆斯林，所以這四個政權無法維持太久，先後都被消滅了。

十字軍運動延續了兩百多年，東征約有八、九次，其中第四次東征是在一二〇四年，由威尼斯共和國總督發起並率領，他們的目標是攻打東羅馬帝國，十字軍攻占了東羅馬帝國的首都康士坦丁堡，十字軍在城內強姦婦女，搶劫財物，殺人放火，真是一群胸前掛著十字架的野獸。這次十字軍使基督教內部造成大分裂，東羅馬帝國的東正教和羅馬教廷自此分道揚鑣。

十字軍東征直到一二五〇年才停止，戰爭留給人們的印象是慘殺、殘忍、死亡、破壞和貪婪的人性，十字軍想用武力擴張基督教的勢力，其結果是失敗的，上帝似乎沒有出手幫助那些拿著刀槍的基督徒。

一五一七年馬丁路德掀起了宗教改革運動，新教教徒力謀擺脫羅馬教廷的約束，許多擁護羅馬教廷的國王和貴族則竭力壓制新教教徒，甚至不惜用流血殺戮的方法。在一五六七到一五七三年之間，西班牙的阿爾伐公爵竟然殺了十萬名新教教徒，實在是可怕的屠殺。

最讓中國人感到切身之痛的事件，是清朝末年，基督教（應該說是天主教）倚仗西方帝國主義的軍隊進入中國，在中國境內和中國人發生衝突的事。用發動侵略戰爭為手段來傳揚福音，讓中國人對基督教產生極大的反感，因此清朝的官員和士大夫幾乎沒有人信基督教，戰爭的威脅不能使中國人低頭。

以上所講，是從歷史的演變來看，基督教似乎是個崇尚武力，好戰鬥狠，具有侵略性的宗教。但是，要更加了解基督教的真正精神要從《聖經》來看，不能只靠歷史來判斷，《聖經》記載得十分清楚，當亞伯拉罕還活著的時候，上帝耶和華便表示要把迦南地賜給亞伯拉罕的後裔，一直等到摩西時，上帝的許諾才實現，從亞伯拉罕到摩西相隔約五、六百年，為什麼等那麼久？因為迦南地的居民德性敗壞，社會充斥著兇暴、殘酷、奸詐、血腥，上帝要等迦南人惡貫滿盈，才讓以色列人進攻迦南地，並且命令以色列的領袖約書亞要把迦南人全部滅絕。這等於是來一個清潔大掃除，上帝要使迦南地成為一片淨土，讓以色列人在乾淨的迦南地不受汙染，成為一個純潔的民族。可惜約書亞和當時的以色列人沒有徹底執行上帝的命令，沒有把迦南人殺戮淨盡，後來以色列人遭到迦南社會許多不良習俗和風氣的影響，以至於敗亡。

到了《新約》時代，《聖經》記載耶穌的教導是反對武力和戰爭，主張和平和諧。耶穌思想的本質是愛，愛是付出不是奪取，愛是互助不是互爭，愛是和平不是戰爭。

我們試著回到耶穌進入耶路撒冷的那一幕。耶穌和門徒將近耶路撒冷，到了伯法其，要騎驢進耶路撒冷，眾人有的把衣服鋪在路上，有的砍下樹枝鋪在路上，前行後隨的眾人喊著說：「和散那歸於大衛的子孫！奉主名來的是應當稱頌的！高高在上和散那！」當時猶太社會瀰漫著仰望「彌賽亞」（救世主）的想法，在猶太人的想像中，「彌賽亞」應該是一個像大衛王的人，能帶領猶太人打敗當時統治他們的羅馬人，讓猶太人重新建立一個強大、獨立的以色列國，但他們不知道「彌賽亞」是誰？「彌賽亞」在哪裡？耶穌的出現讓他們眼睛為之一亮，展露了許多神蹟奇事的耶穌，莫非就是「彌賽亞」？現在耶穌來到耶路撒冷，大家前呼後擁，高聲稱頌讚美，目標指向耶路撒冷城內的羅馬巡撫衙門。

但令大家失望的是，耶穌沒有走向羅馬巡撫衙門，和羅馬士兵決戰，而是走向聖殿，在聖殿講道。這讓追隨耶穌進耶路撒冷的猶太人大失所望，紛紛離開了。

其實，耶穌有能力可以召來天使助陣，打倒羅馬巡撫，但是這麼做必將引爆猶太人和羅馬軍隊大規模的戰爭，造成雙方重大死傷，這是耶穌不願見到的事。所以耶穌沒有走向羅馬巡撫衙門去挑釁，卻走向聖殿去講道，可見耶穌是不願看到發生戰爭的。

耶穌的另一個故事也顯示耶穌反對使用武力。在耶穌人生的最後一夜，耶穌和門徒在客西馬尼禱告，大祭司派了許多人帶著刀棒前來捉拿耶穌，有一個跟隨耶穌的人伸手拔出刀來，將大祭司的僕人砍了一刀，削掉了他一個耳朵，耶穌對他說：「收刀入鞘吧！凡動刀的必死在刀下。」這故事顯示耶穌反對用武力來解決事情，可見基督教是主張和平，反對武力的，尤其反對奪取式的侵略行為。

耶穌說：「有人打你的右臉，連左臉也轉過來由他打；有人想要告你，要拿你的裡衣，連外衣也由他拿去；有人強逼你走一里路，你就同他走二里；有求你的，就給他；有向你借貸的，不可推辭。你們聽見有話說：『當愛你的鄰舍，恨你的仇敵。』只是我告訴你們，要愛你們的仇敵，為那逼迫你們的禱告。」耶穌這段話明明白白地告訴基督徒，要用退讓、和平的方式解決問題，所以從《聖經》看基督教的基本宗旨是反對武力的，基督教是一個主張博愛、和平的宗教。

可是歷史是真實的，一幕幕上演基督教引起的戰爭，是血淋淋的事實，這又該如何解釋呢？我們可以從歷史上看到人經常利用自由意志而離開了神，基督徒是人，基督徒經常會做出不合神旨意的行為，發動戰爭和進行侵略就是其中顯著的事例，十字軍東征和用刀槍來宣揚福音，都是當時基督徒錯誤的行為，不是神的旨意。

總而言之，從《聖經》來看神的旨意，基督信仰是追求和平、博愛、互動、謙讓的宗教，許多基督徒仍存有自私、殘暴、自利的罪性，這些罪性使他們違背了神的旨意，而做出一些不合基督教教義的事。所以我們的結論是，歷史上發生的一些基督教侵略性的戰爭和行為都是「人」的作為，不是神的旨意，是不合於基督教教義的，所以不要把「人」的罪行當作基督教的教義，戰爭和侵略是基督徒——「人」的罪惡，不是基督教的本質。

12　基督的愛是什麼？

基督信仰的核心是愛，這愛包括兩大部分，一是愛神，一是愛人。上帝的愛包含保護、養育和教導，人回報上帝的愛則帶著尊敬、感恩和依賴的心情。

基督徒相信人和萬事萬物都是上帝創造的，人要對創造萬事萬物的神時時懷著感恩的心，於是基督徒不管做什麼事都要先禱告感恩。人們最常看到的是，基督徒在吃飯之前先要低頭禱告，這是向神「謝飯」，就是感謝神賜給他這一頓飲食。

在一家餐廳裡，張先生和李先生一起吃飯，張先生是基督徒，當菜飯上桌後，張先生低頭禱告，李先生好奇地問：「你禱告什麼呀？」

張先生回答：「這是謝飯的禱告，謝謝上帝賜給我豐盛的食物。」

李先生說：「今天的午餐是我請客，你幹什麼謝上帝？」

張先生說：「你請客是由你付帳，但這些菜飯都是上帝所創造的物，如果現在鬧災荒，沒有米，沒有麥，沒有蔬菜，也沒有牛羊雞鴨魚蝦，你縱使有鈔票也吃不到菜飯，所以我們吃飯前先要感謝神供給我們所需要的食物；還有，我們要感謝神賜給我們健康的身體，有吃喝的能力。你到醫院去看看，許多病人吃不下食物，甚至連喝水都喝不下，所以我們面對美食，能吃能喝，就要感謝神賜給我們吃喝的能力，不要認為能吃能喝是理所當然的，如果神不給你吃喝的能力，你也只好望食興嘆了。」

從張先生的話裡，可以了解到基督徒對神感恩的心理。在濃濃的感恩心之下，基督徒自然而然會把愛神當作人生最重要的事，所以真正的基督徒對神常懷著凡事禱告，凡事感恩的心。從感恩、依賴而產生的愛，是一種發自內心、深深的愛，是敬愛。

依照《聖經》的說法，上帝和信徒像父子關係，上帝是父，人是子，父子之間一定是父親先愛兒子，兒子再回過來愛父親，所以是上帝先愛人，上帝的愛包含著保護、養育和教導的意味，人回報上帝的愛則帶著尊敬、感恩和依賴的心情。

《聖經》也一再強調人要互愛，基督徒要用愛來和人相處，無論對家人、對朋友，甚至對陌生人都要以愛心相待，所謂以愛心相待，就是用友善、和睦、協助的心來對待對方。以愛心相待不是口號，也不是唱高調，而是切切實實地去做，從細微的小事上去做，譬如幫助弱勢的家庭，照顧無助的兒童，為遭遇苦難的人禱告等等，無須付出巨額的金錢，要付出的是愛心和關懷。

〈約翰一書〉第四章十六節說：「神就是愛，住在愛裡面的，就是住在神裡面，神也住在他裡面。」所以愛是基督信仰的核心，真正的基督徒是一個愛心的發揚者。

13 上帝在何時會幫助信仰祂的人？

當困難來到的時候，你要勇敢地面對它，克服它，上帝會幫助你完成任務。就像中國人說的「謀事在人，成事在天」。

《舊約》記載以色列人從埃及出來，脫離了奴隸的身分，經過廣闊的曠野，到達迦南地，建立起自己的國家，這是一個漫長又艱困的過程，過程中雖然有上帝的帶領和保護，但上帝仍然要以色列人自己去克服種種困難。譬如以色列人在曠野，準備進入迦南地之前，先派十二個探子悄悄地進入迦南地，窺探迦南地的情景。後來這些探子回來，其中十個探子都說迦南地的人長得十分高大，像巨人一樣，他們在迦南人面前覺得自己好矮小，像蚱蜢一樣。這十個探子的話讓其他的以色列人心驚膽寒，引發騷動，他們不想和迦南人打仗，甚至有人主張回埃及去，縱使做奴隸，至少可以活下去。

以色列人這種怯懦的表現使上帝大為光火，便讓以色列人在曠野飄泊了四十年，等那些膽怯的以色列人都死去了，他們的子孫在上帝的「剛強壯膽」的叮嚀中渡過約旦河，進入迦南地，終於占領了迦南地，建立以色列國。其實，以上帝的大能，以色列人不必經過戰爭就可以獲得迦南地，然而上帝仍要以色列人一個城、一個城地去攻打，經過許多戰爭才奪得迦南地，成為以色列的國土。上帝要以色列人經歷一場又一場的戰爭，是在訓練以色列人奮鬥的精神，這奮鬥的精神包括勇敢、前進、執著、智謀。

其實，《舊約》中這段記載雖然是發生在以色列人身上的事，卻也是上帝對人類的一個教訓，這表示任何事情都要人自己去努力奮鬥，不膽怯，不畏懼，不退縮，上帝才會幫助你達到成功的境界。一個人不可以只呼求上帝，自己卻一動也不動，上帝不歡喜懶惰、逃避、消極的人，當困難來到的時候，你要勇敢地面對它，克服它，上帝會幫助你完成任務。

中國人常說：「謀事在人，成事在天。」這「謀事」就是一種計畫，一種行動。這計畫、行動需要人來做，但「成事」就是結果，是由天決定的。這句話正和《聖經》的教訓相合，人如果放棄所謀的事，天就不會成就這事。以色列人放棄了和迦南人作戰的機會，上帝就不會成就以色列人進入迦南地的願望，直到下一代以色列人重振奮鬥的精神，而奮鬥的精神，是基督徒的人生觀之一。願意剛強壯膽地面對困難，上帝才會成就以色列人在迦南地建國的心願。

所以有奮鬥的精神，是基督徒的人生觀之一。

14 為何常覺得信基督的人看起來特別喜樂？

《聖經》教人在面對人生時要樂觀進取，基督信仰要信徒遇事不消極、不失望，常存喜樂之心。

惠玲和蓉珠是大學同學，五十歲時兩人都患了乳癌，有一天，惠玲和蓉珠在醫院的候診室碰了面，惠玲說：「蓉珠，妳的狀況如何？看妳無精打采的樣子，為什麼？」

蓉珠幽幽地說：「我還在做化療，感到好虛弱。惠玲，妳不是也得了乳癌？看妳還笑嘻嘻的，妳痊癒了嗎？」

惠玲搖搖頭說：「沒有，我才做過化療，覺得很好，我每天過正常的生活，高高興興的，因為我有信仰。」

蓉珠說：「我也有信仰，我信佛教，師父告訴我，我的病是前世孽障造成的，好不了，現在趕快多積功德，免得孽障留到下一輩子，下一輩子變牛、變馬。」

惠玲說：「我不相信什麼前輩子的孽障和輪迴，我信耶穌基督，《聖經》告訴我們，喜樂的心是良藥，所以我心中常存著喜樂，也就不覺得痛苦了。」

蓉珠說：「喜樂？妳怎麼喜樂得起來？」

惠玲說：「信耶穌有希望呀！有希望就不痛苦了。」

蓉珠說：「什麼希望？妳都被判了死刑還有什麼希望？」

惠玲說：「一種是今生的希望，一種是來生的希望。我的今生希望是求上帝醫治我，我相信上帝是醫治的神，耶穌曾醫治過許多醫學上都治不好的病，像瞎子能看見，聾子能聽見，癱子能走路，死人能復活，我希望有神蹟顯現在我的身上，我除了遵照醫囑之外，還每天禱告，希望身上的癌細胞消失。此外，還有一個來生的希望，《聖經》告訴我，人活在這世上只是過客，是客旅，人都會離開這個世界，人的肉體死亡以後，人的靈魂將會到另一個世界，那就是天國，在天國裡，上帝會賜給我一個新身體，這個新身體將不會生病，沒有痛苦，也不會死亡，這就是永生。所以，我對來世的希望是永生。我既有今生的希望，又有來生的希望，這是多美好的事，我心中當然喜樂了。」

惠玲的話正顯示出基督徒喜樂的人生觀，有了喜樂的人生觀可以減少抱怨、消極、悲情、恨毒，有了喜樂的人生觀可以把世界變得彩色繽紛。

15 為何神要信徒寬恕為懷？

寬恕別人，就是把不愉快或痛苦的往事畫上句點，不讓自己不斷地反芻過去的仇恨與苦毒，反而能讓自己感到自由、輕鬆。

寬恕是一種做人的美德，中國的孔孟思想都提倡恕道。對基督徒來說，饒恕是人生觀的一部分，《聖經》裡記載彼得問耶穌：「我弟兄得罪我，我當饒恕他幾次呢？到七次可以嗎？」耶穌說：「我對你說，不是到七次，乃是到七十個七次。」饒恕是基督信仰中重要的概念，是基督徒要努力自我修煉的功課。

二〇一五年六月十七日晚間，在美國南卡羅來納州查爾斯頓市，一間非洲裔循道聖公會以馬內利教堂內，發生一樁槍殺案，一個二十一歲白人青年魯夫持槍向正在查經班禱告的人開槍，打死了九個人。

十九日法院開庭審理此案，一位槍擊案倖存的婦人菲利莎‧桑德斯出庭作證，她的二十六歲兒子提萬薩當場被槍殺，桑德斯對兇手魯夫說：「你殺了我所認識最美麗的一群人，我感到無比悲痛，願上帝寬恕你的靈魂。」

另一個名叫納汀‧柯利亞的女士也出庭，她的母親當場死亡，柯利亞很悲傷地說：「我再也沒法和母親說話，再也無法擁抱她，我好心痛，你傷害了很多人，我原諒你，希望上帝也會原諒你。」這兩位受害人都願意原諒兇手，這是基督徒寬恕為懷的表現。

寬恕是對傷害自己的人給予原諒，傷害除了肉體的傷害之外，還包括心靈的、精神的、財產的、工作的……等等傷害。寬恕是自己願意放棄報復的念頭和行動。

寬恕實在是一件說起來容易做起來難的事，真正的寬恕必須建立在愛的基礎上，〈箴言〉第十章十二節說：「愛能遮掩一切過錯。」的確，愛是包容，寬恕就是包容的表現。父母親對於犯錯的兒女都會原諒，這種寬恕就是出於父母的愛。

寬恕就是把不愉快或痛苦的往事畫上句點，不讓自己不斷地反芻過去的仇恨與苦毒。寬恕會使自己心裡的緊箍咒鬆開，進而讓自己感到自由、輕鬆，讓自己活得好一點。

基督徒的人生觀

一個人常會受性格、成長環境、知識水準、生活遭遇、宗教信仰等的影響，而產生自己獨特的人生觀。

基督徒的人生觀並不是指某一個基督徒的人生觀，而是從《聖經》中整理、歸納出上帝希望基督徒具有的人生觀，這個人生觀大致有四點：

一、愛心的發揚

二、奮鬥的精神

三、樂觀的態度

四、寬恕的胸懷

在前幾篇文章中，已經詳述有關於基督徒的這四點人生觀，這只是根據《聖經》裡神的訓示所歸納出來的，這是神希望基督徒要有的人生觀，事實上，每個基督徒由於各自成長的背景不同、性格有別，而有自己的人生觀，只是盼望每個基督徒不要和上帝期望的人生觀背道而馳。

16 上帝為何限制亞當、夏娃不可吃分別善惡樹上的果實？

上帝給人的自由是有限制的，不是隨心所欲，任意而為，若自由無限制，最後反而會永遠失去自由，來看看以下的故事。

你聽過「不自由，毋寧死」這句話嗎？

這是十八世紀法國流行的一句話，顯示自由主義思想的浪潮正在狂湧，自由主義思想從古希臘時代就已經萌芽；到十五世紀，歐洲思想界興起了個人價值的重新發現，漸漸地個人主義色彩瀰漫開來，法國思想家盧梭（Jean Jacques Rousseau）將個人主義的理智攪混，使個人主義添加了濃濃的情感作用，個人主義遇上自由主義，兩者結合起來，無異乾柴遇到烈火，必然產生猛烈的火焰。一七八九年的法國大革命，就是在這種環境下爆發。

法國大革命的背景是社會的黑暗和不公。十八世紀的法國社會分為三個階級，最高的第一階級是王室和教士，第二階級是貴族，第三階級是平民。第一和第二階級人數很少，占總人口不到十分之一，第三階級的人占了百分之九十以上。第一、二階級的人享受特權，不必納稅，生活優渥，第三階級的人要負擔重稅，受到政治和法律的不公平待遇，生活得像牛馬，痛苦萬分。

自由主義的火苗很快就點燃了第三階級人們的不滿情緒。一七八九年的夏天，巴黎陷在混亂之中，飢餓、搶劫籠罩著巴黎。七月十四日，大批群眾衝破了巴士底監獄，法國大革命正式爆發了。這場革命實際上是一場大暴動，「爭取自由」的口號響徹雲霄，在大暴動中，法國國王路易十六被送上斷頭台，君主專制政體被推翻。

然而，大革命對法國來說未必是好事，在高唱「自由」凱歌的激動情緒攪動下，多數群眾變成了暴民，造成社會騷動，人心惶惶，覺得自己的生命可能隨時不保，法國歷史上稱之為「恐怖時代」。一七九三年十一月八日，曾參加大革命行動的羅蘭夫人也被送上斷頭台，臨死之前，羅蘭夫人高聲說：「自由，自由，多少罪惡都是藉著你的名做出來的。」羅蘭夫人的話兩百多年來受到世人不斷傳誦，但你能體會出這話的深意嗎？羅蘭夫人是在警告後人，自由是一種多麼迷人的名詞，但是這個美麗的口號背後隱藏了許許多多的罪惡。

什麼是「自由」？自由就是無拘無束，行動思想全由自己決定，不受外界任何干涉。在一九九〇年左右，臺灣社會流行一句話：「只要我喜歡，有什麼不可以。」這是標榜個人自由的口號，在當時影響了許多年輕人，甚至在報紙的商品廣告上也用「只要我喜歡，有什麼不可以。」作為廣告詞，使臺灣變成百無禁忌的情況。

在臺北市一間公寓的二樓，一天晚上，不斷傳出吵雜的吵鬧聲，到深夜十二點還不停息，鄰居都被吵得無法睡覺，便打電話報警。不久，兩名警察來到，好不容易叫開了大門，發現室內煙霧瀰漫，高分貝的音樂聲讓人震耳欲聾，滿地都是酒瓶、垃圾，十幾個年輕男女東倒西歪，有的躺在沙發上，有的躺在地上，衣衫不整，有兩個女生幾乎全裸地躺在地上，警察發現桌上有兩包像藥丸的東西，原來是迷幻藥。

警察把這十幾個青少年帶回警察局審問，其中一個年紀較大的女性是這間房屋的主人，她理直氣壯地責問警察：「大家到我家裡來喝酒唱歌，有什麼不可以？」

警察回答：「你們深夜喧嘩，干擾別人的睡眠。」

那女人搶著說：「別人愛睡不睡，關我什麼事，我在自己家裡愛做什麼就做什麼，這是我的自由，你管得著嗎？」

警察拿起幾顆藥丸說：「你們在吃毒品。」

那女人叫起來：「那是提神劑，我們高興吃，這是我們的自由。」這時一個小女生衝到警察面前，指著警察大罵：「我們吃毒品是我們的事，這是自由社會，你不能干涉我們，只要我喜歡，有什麼不可以。」

其他的十幾個青少年也異口同聲叫著：「只要我喜歡，有什麼不可以！」

這個故事顯現青少年濫用「自由」，把自由當成唯我獨尊的面具，而這面具後面藏著無數的黑暗和罪惡。

利雄三歲時母親就去世了，由父親撫養長大，父親對利雄的管教非常嚴格，每天非打即罵，讓利雄對父親產生強烈的反感。利雄的智力不是很高，對讀書毫無興趣，在學校裡的成績非常不好。利雄並不是一個調皮搗蛋的學生，所以老師非但不討厭他，反而對他非常關心，要利雄多用功讀書，讓利雄心裡感到壓力好大。在家裡，利雄每天要看父親嚴肅的臉色，聽父親尖銳的訓斥，挨父親憤怒的責打，在學校裡，利雄要看老師失望的眼神。年紀小小的利雄，深深地覺得人生是如此沉重，他常覺得喘不過氣來。

十六歲那年，他唸高中一年級。有一天放學回家，出了學校大門，看見路邊有個攤車在賣爆米花，他看著小販倒了一杯米到一個圓形鐵罐裡，再把鐵罐放在炭火上不斷滾動，過了十幾分鐘，小販把鐵罐拿下來，地上鋪了一塊布，接著把鐵罐打開，「砰」的一聲巨響，一顆顆香噴噴的爆米花就灑落在布上。看見這情景讓利雄心生感觸，一粒米在鐵罐裡燒烤一定很痛苦，但爆開以後卻成為又香又軟的米花，一定很開心。利雄想起今天老師上課時講到自由，這爆出來的米花就是自由，自由多美好，利雄想著：「我什麼時候才能獲得自由！」

忽然，有人拍利雄的肩膀，利雄回頭一看，是小學同學福山，驚喜地問：「福山，你怎麼在這裡？」福山笑著說：「我沒上學啦，也離開家了，一個人自由自在，活得好快樂。」

利雄張大了嘴：「真的啊？你住哪裡？」

福山說：「我帶你去我住的地方。」接著福山用機車載著利雄到他的住處，那是一間公寓套房，裡面有簡單的家具。

利雄問福山：「你現在做什麼工作？」福山說：「大哥每星期叫我去送一次貨，每次給我一萬塊錢，每個月大概四、五次，我就可以賺四、五萬塊錢了。」

利雄嚇得張大了嘴，四、五萬元，對他來說真像是天文數字，利雄接著問：「福山，除了送貨之外你還要做什麼？」

福山說：「沒事啦，所以我是自由業。」利雄說：「這種工作太好了，真是自由啊！我可不可以做這個工作？」福山說：「我去找大哥商量，明天下午五點鐘，我在你學校門口等你。」

第二天下午福山果然來找利雄，帶利雄去見大哥。大哥送了一部機車給利雄，利雄學會騎機車，大哥要他下星期二夜晚十二點，到指定的地點去拿一包東西，再送到另一個地方去，每送一趟給一萬元。利雄立刻答應了，他知道父親絕對不許他半夜跑出去，並且會追問機車的來源，為了擺脫父親的束縛，利雄決定離家出走，和福山住在一起。

過了一個月，利雄送了四次貨，賺了四萬元，他每天無所事事，自由自在，沒有父親和老師的約束，他覺得自己像飛出籠子的小鳥，快樂得不得了。很快地，利雄學會了抽菸喝酒，和一些無業的少年混在一起。

有一天半夜，大哥叫他到海邊一艘漁船上接收一個大包裹，他背著大包裹，踏著沙灘，準備走到停在公路旁的機車時，突然兩個大漢從黑暗中撲過來，利雄被摔倒在地上，兩隻手被手銬套住，原來是兩個警察。他們把利雄帶到警察局，最後利雄被關起來，罪名是走私和運送毒品，利雄一心想追求自由，現在反而失去了自由。

自由是上帝創造人類時賜給人的一種福分，上帝給予人心自由，意義是要人有活潑、創意的特質，而不是成為機械、呆板的動物，但是上帝給人的自由不是放任式的為所欲為。上帝揀選亞當、夏娃時，告訴他們：在伊甸園中的果子都可以吃，但是園中間那棵分別善惡樹的果子不可吃。這表示上帝給人的自由是有限制的，不是隨心所欲，任意而為，有些事是不可以做的。所以，在這世界上沒有絕對的自由，所有的自由都是有規範的，而不是漫無限制的。

其實，許多限制表面上看是妨礙了自由，但實質上是在維護自由。馬路的十字路口有紅綠燈，行駛中的車輛見到紅燈要停下來，表面上看似乎是限制了車子的自由，實際上是維持道路暢通。想想，如果沒有紅燈，任由車子自由行駛，必然會發生爭先恐後、左衝右撞的情形，那時所有的車子都動不了，才真是不自由呀！

歷史學家杜蘭特（Will Durant）說過一個比喻，他說火車在原野裡快速奔馳，其他的車輛和行人都要讓它，似乎火車的行動是自由的，但火車要行駛在鐵軌上，一旦離開鐵軌，火車就動不了。人也像火車，有走在自己的軌道上，人的軌道是什麼？那就是上帝給人鋪設的無形的道路，這無形的道路好像限制人的自由，實際上是幫助人得到自由。

17 上帝如何幫助人獲得自由？

身體雖然沒有絕對的自由，要容忍、尊重他人，但心靈卻沒有限制，只要心中有愛，沒有罪惡，就能獲得完全的自由。

上帝的規範其實並不是為了限制人自由，反而是幫助人獲得自由的方式，祂的道路是什麼？主要有三點：要如何才能走在上帝鋪設的道路上，並且一路通行無阻呢？其中有三個重點。

一、要有容忍的精神

容忍是承認別人有存在的權利，別人有表示異議的權利，容忍是不要「唯我獨尊」，給別人自由，自己才有自由的空間。胡適寫了一篇文章〈容忍與自由〉，他說：「容忍是一切自由的根本，沒有容忍就沒有自由。」容忍的內涵包括了相互尊重、寬恕、有愛，是做人的基本原則，也是《聖經》裡常常提到的訓示。

二、遵守規範

每個社會都有自己的生活規範，在中國社會有道德律，在猶太社會也有律法，這都是規範，人生活在社會中如果不遵守規範，就像開車不遵守交通規則，其結果必然會出車禍，害人害己，反倒讓自己失去了自由。

三、脫離罪惡

《新約》中常提到自由，這自由是指心靈不被罪惡綑綁，人的心思意念脫離了罪惡，心靈便得到自由。因為罪惡都是人世間慾念的誘惑，包括貪婪、自私、嫉妒、仇恨、兇暴等等，脫離了罪惡，人會覺得心裡沒有沉重的負擔，抬頭上望，就像鳥兒在空中自由自在地飛翔。

總而言之，人的身體受到物質因素、文化因素、社會因素的限制，不可能有絕對的自由，這些因素的限制都是外在的，不是人自己能掌控的。人不能有打罵別人的自由，人不能有不守交通規則的自由，人不能有隨意殺人的自由，人不能有不生病的自由……所以就身體而言，人是沒有絕對的自由。

不過人的心靈就不一樣了，心靈是內在的感受，心靈只要不受罪惡的轄制，超越了罪惡，等於進入神的國度，便可以獲得完全的自由。

《新約》〈加拉太書〉第五章一節說：「基督釋放了我們，叫我們得以自由。」第五章十三節：「弟兄們，你們蒙召是要得自由。」〈哥林多後書〉第三章十七節：「主的靈在哪裡，那裡就得以自由。」這些經文所說的自由，都是指在沒有罪惡的狀態下，心靈不受約束地、輕鬆地任意遨遊。

人都渴望自由，但在身體上不可能有絕對的自由，人要追求的目標應該是心靈的自由。

18 為何會有苦難？上帝為何要降下災禍？

大多數的苦難，是人自己造成的，其根本原因都是由於人的罪性，如貪婪、兇暴等，造成他人死亡、傷害，帶來痛苦。其實大部分都不是上帝所降下的。

一個人一生幾乎不可能不遭遇苦難，苦難是讓人感受到痛苦而且難以解決、處理的事。人們最常遇到的苦難就是病痛，生病不但給人帶來肉體上的痛苦，也在精神和工作上造成打擊，然而一個人從小到老幾乎很難不接觸到病痛。此外，死亡也是人們一定會遇到的苦難，面對至親好友的死亡，那種生離死別的深沉哀傷，常是存在內心數年、數十年都不會消失的痛。

在每天的新聞報導中，一定會有車禍、飛機失事、輪船沉沒等交通意外事故，在意外事故中不知有多少人喪生，有多少人受傷，這是集體性的苦難。

最近一、二十年來，異常氣候出現的頻率越來越高，自然災害越來越多，也越來越嚴重。二〇〇四年十二月二十六日的南亞大海嘯，使無數的沿海村落消失，二十五萬人死亡，是一場大苦難。在東南亞、美國等地經常發生颱風或颶風，造成十分嚴重的災情。地震在全世界各地也常常發生，大的地震會讓鄉鎮全毀，山川變形，成千上萬人死傷，例如一九七六年七月二十八日發生的唐山大地震，死傷四十萬人；二〇〇八年九月十八日發生的四川汶川大地震，造成約七萬人死亡，三十多萬人受傷，兩萬人失蹤。這些都是自然災害，造成集體性的大苦難。

人們常會問，世間這麼多苦難是從哪裡來的？是不是上帝要懲罰人而降下苦難？這是一個很難回答的問題。

的確，《聖經》記載，上帝會降下災禍。譬如上帝要摩西帶領以色列人離開埃及，埃及法老王不准以色列人離去，上帝便向埃及人降下十次災害，這十次災禍是河水變為血之災、青蛙之災、虱子之災、蒼蠅之災、牲畜瘟疫之災、泡瘡之災、冰雹之災、蝗蟲之災、黑暗之災、殺長子之災。這十災中有的是身體的病痛，有的是自然災害，對埃及人都是苦難。

上帝要降十災是埃及法老王一再違背對上帝的承諾，上帝要懲罰埃及才降災。在《聖經》裡上帝降下災難的例子很多，譬如以色列人剛建好會幕，祭司亞倫的兒子拿答、亞比戶兩人各拿著自己的香爐，盛上火，加上香，在上帝耶和華面前獻上凡火，這是上帝耶和華沒有吩咐他們做的，於是就有火從耶和華面前出來，把他們兩人燒死。又譬如以色列王亞哈在撒瑪利亞建造巴力的廟，敬拜巴力，上帝便在以色列降下旱災，三年不下雨。另一個著名的例子，是上帝毀滅了所多瑪和蛾摩拉兩座城，兩座城的人都死光了。

不過，《聖經》也記載上帝耶和華的話說：「我向你們所懷的意念是賜平安的意念，不是降災禍的意念。」可見上帝是要賜福給人，而不是降災給人，但《聖經》又確實記載上帝曾降下災禍，這是為什麼呢？

其實，災禍造成苦難，其原因絕大多數是出在人的身上，但有極少數的苦難，原因無法明瞭。譬如為什麼一對大學教授夫妻生下一個智能不足的兒子？為什麼一對身體健壯的夫妻生下一個缺手缺腳的畸形兒？為什麼有些嬰兒生下來就看不見或無法說話？在今天的生理學和醫學上仍是一個謎。

我有一個朋友有一年體檢時發現得了肺癌，但他從來不抽菸、不進廚房、沒在有汙染的環境中工作，他怎麼會得肺癌？醫生也說不出一個道理。一個十分優秀的年輕人，剛從大學畢業，搭飛機去美國留學，飛機失事墜落，這個年輕人因而喪生，他怎麼會這麼巧搭上這班失事飛機？沒有人能解答。所以，有些苦難是找不出原因的，至少是人所不能了解的。

不過，大多數的苦難，其原因是來自人，這裡說的「人」是指自己或別人，先談由別人帶來的苦難。

二〇一四年五月二十一日，在臺灣臺北的捷運板南線上發生了一件兇殺案，有一個叫鄭捷的年輕人拿出預藏的尖刀，見人就刺殺。當時列車正在行駛中，車門緊閉，鄭捷像發瘋一般對人舉刀猛砍，乘客尖叫，哀號連連，一時鮮血四濺，許多人倒在血泊中。約兩分鐘，車子到了下一站停靠，車門打開，乘客驚恐地趕緊逃下車，殺人兇手鄭捷立刻被警察逮捕。

這次兇殺事件造成四個人死亡，二十四人受傷。四個當場死亡的人當然是苦難的，二十四個受傷者雖仍活著，卻在身體或心理上造成終生的疼痛。有一位名叫史艾芙琳的女士被刺三刀，乳房重傷，送到醫院後切除一個乳房，這場恐怖造成她內心難以消除的恐懼，她每天看到人群就會發抖，每天要吃高劑量的安眠藥才能入睡。她洗澡時不敢洗上半身，因為一碰觸到胸部，整個人就會癱軟，她經常痛苦得恨不得死去，這種苦難勢必陪伴她一生，她的苦難是來自鄭捷。四個死亡者的家屬也都遭到親人死亡、家庭破碎的痛苦，他們的苦難也是來自鄭捷。

一九六九年美國無線公司（RCA）到臺灣桃園縣設廠，生產電子及電器產品，在生產過程中使用有機溶劑，溶劑中含有國際癌症研究總署和美國環保署認定的三氯乙烯等四種致癌物。公司並未告訴員工如何防護溶劑的傷害，員工在全然無知的情況下，每天接觸溶劑。經過二十三年，直到一九九二年桃園廠關廠，但這二十三年間，員工和眷屬罹患癌症死亡的人數，多達六十一人，而罹患癌症正在治療中的員工，有兩百四十三人，另外經醫院檢查，認為尚未發生癌症但有發生風險的，有一百四十一人。這些桃園廠的員工遭遇的苦難，是來自美國公司的高層負責人。

最近幾年，臺灣的食品安全出了嚴重的問題，許多食品都摻雜了有害人體的化學物。像二〇一三年二月爆發順丁烯二酸事件，順丁烯二酸是一種化學合成物，對人體腎臟傷害很大，甚至會造成癌症。這是法令明定不可添加於食品的東西，但廠商為了提高食品的口感，竟然不顧法令的規定，將順丁烯二酸加進麵粉、穀粉、綠豆粉、麥粉等粉類食品中，結果造成臺灣市場上有關粉類製作的食品、如麵包、饅頭、米粉、綠豆糕、餅乾、燒餅、油條等全成了有毒食品，長期食用，必然傷肝傷腎。臺灣洗腎的病人人數很多，而且仍在不斷增加中，這和長期食用有毒食品是有密切關係的。

二〇一五年四月，臺灣發生茶葉中含有農藥事件，政府查出從英國、越南、斯里蘭卡進口的茶葉含有過量的農藥，不久又發現臺灣本地出產的茶葉有些也含農藥。茶葉是人們每天生活的必需品，竟然也有農藥殘留，每天喝茶等於在吃農藥，難怪臺灣罹患肝病、腎病的人特別多。

有些苦難則是自己造成的。我有一個學生，考上了大學，父親送給他一支智慧型手機，他拿到手機立刻沉迷在網路之中，尤其是玩網路遊戲，一玩就是四、五個小時，低著頭、彎著腰，同一個姿勢玩得不亦樂乎。玩了三年，有一天他忽然覺得手臂和腰部十分疼痛，難以忍受，於是去醫院就診，診斷結果是椎間盤突出，原因是長期姿勢不良，使脊椎受到壓迫，必須開刀治療，但手術的危險性很大。這事讓他痛苦不安，卻是他自己造成的。

不論是由於他人或是由於自己造成的苦難，其根本原因都是由於人的罪性。根據《聖經》的說法，凡是殘忍、自私、野心、情慾、貪婪、驕傲、嫉妒、仇恨、姦淫、暴力等，都是罪性。從亞當、夏娃吃了分別善惡樹的果子以後，人便離開了上帝，罪性就潛入人心，所以在人性之中就有了罪的因子，這就是罪性，罪性在適合的環境下就會發芽、開花、結果，於是就會做出許多壞事，造成苦難。

我有一個朋友，學生時代品學兼優，為人正直而熱忱，大學畢業後進入政府的稅務機關工作，結婚生子，生活十分幸福。大約十年前，他被幾個朋友帶領，迷上了打牌，常常整夜不回家，都坐在牌桌上。由於賭上了癮，又常常輸錢，弄得家裡經濟變得非常拮据，妻子經常和他吵架，孩子也和他疏遠了，一個原本甜蜜的家庭變成了充滿烏煙瘴氣，大家都感到非常痛苦。過了一年，他因賭輸而積欠了不少賭債，常有像黑道的人上門討債，弄得全家人一聽到門鈴聲，就會緊張起來。他為了還賭債，開始接受商人的紅包幫助商人逃稅。有一天，他被人檢舉貪汙，接受賄賂，圖利廠商，於是被羈押起來，經法院審判的結果，他被判處十年有期徒刑。這是賭害了他，而染上賭癮是他本身的罪性——貪慾所造成的。

二〇一三年十月，臺灣發生一樁兩個月大的小女嬰緗緗因高血鈉症併發多重器官衰竭死亡的案件，經警方追查，發現是小女嬰的伯母鄒雅婷下的毒手。原來鄒雅婷是緗緗母親的大嫂，兩人是妯娌關係，由於兩人相處不睦，鄒雅婷便經常挑撥小叔和緗緗母親的感情。二〇一三年八月緗緗出生，鄒雅婷心生妒忌，在緗緗的奶粉中四次摻入大量海鹽，導致緗緗因高鈉而死亡。最後，法院判處鄒雅婷有期徒刑二十年，這是由於妒忌的罪性所造成的悲劇。

從十七世紀開始，歐美列強像英國、法國、西班牙、義大利、荷蘭、美國等國就到非洲搶奪黑人，帶回來作為奴隸，兩三百年間，黑奴過著極為痛苦的生活，黑奴悽慘的命運，是由於當時歐美白種人的罪性——貪婪、欺壓、暴力、驕傲造成的，黑奴問題十足反映人類罪性的可怕。

翻開古今中外的歷史，戰爭場面總是不斷出現。戰爭是人類一個集體性的痛苦和災難，在戰爭中許多人犧牲了性命，許多人身心受到傷害，最常見的是家破人亡，流離失所。每次戰爭都各有其特殊的背景和原因，但是有一個共同的原因，那就是發動戰爭一方的領袖「好大喜功」，他要擴張自己和國家的勢力，因而掠奪別國的財富和資源。一九三七年日本大舉侵略中國，造成數千萬中國人死亡，財產的損失難以計算，這場戰爭浩劫是由於當時日本主政者的貪婪野心，想把中國完全吞掉，八年抗戰是中國人的集體苦難，其禍根便是那些日本軍閥和政客的罪性。

總之，人類的苦難除了上帝的懲罰和不明原因之外，大多數的苦難都源自人的罪性，如果把罪性除掉，人可以減少許多苦難。如何把罪性除去？最好的方法就是信奉耶穌基督，如果誠心信奉耶穌，內心被愛充滿，那些存在心裡的罪性就會被洗掉，走上光明的正道，許多苦難也就在無形中得以避免發生了。所以，基督徒把信奉耶穌稱為「得救」，到底得什麼救？在現今世界上，得救是指可以避免許多苦難；而在死了以後，得救是指進入天國，逃過落入地獄之苦。

大多數的苦難是由於人的罪性造成的，減少苦難的良方就是信奉耶穌，消除人的罪性。

19 魔鬼在哪裡？

魔鬼隨時隨地在人的身邊，利用人的軟弱，利用人的劣根性，有時甚至會利用人的愛心，誘惑人們走向罪惡的深淵。

你相信有鬼嗎？絕大多數的中國人都相信有鬼。

遠在三千多年前的商朝，人們就有祭拜祖先的習俗，但是商朝人祭拜祖先可不是出於孝道，不是用祭拜祖先來表示孝道，商朝人祭拜祖先的原因是怕鬼。商朝人相信人死了以後會變成鬼，自己的祖先也是死了的人，也會變成鬼，而鬼會在人間飄來飄去，鬼看得見人，人卻看不見鬼。鬼會隨時伸手害人，人是防不了鬼的，而鬼又喜歡在生前活動的地方遊走，於是祖先的鬼常會回到他的老家，這些祖先鬼偶爾會出手作弄一下活著的子孫，讓活著的子孫遭受一些災禍或困難。

當一個小孩子奔跑時摔了一跤，商朝人會認為那是祖先鬼在暗中絆倒那個孩子；當一個人咳嗽不止，商朝人會認為那是祖先鬼在抓他的喉嚨；任何病痛或意外挫折，商朝人都會說那是「祖先作祟」。為了讓祖先不要來害活著的子孫，於是商朝人勤於祭拜祖先，所以中國人最早時的祭拜祖先不是因為孝道，而是由於怕鬼。

到了漢朝，佛教傳入中國，中國人自己也創立了道教，佛教和道教引出了大量的鬼，這些鬼不是單純的祖先鬼，而是創造了許多新的形式，讓鬼多元化，有冤鬼、野鬼、惡鬼、餓死鬼等等。除鬼以外還創造與鬼性質相似的妖、怪、仙、魔等，牠們如果出現都會化為人身，牠們會做傷害人的事，於是人們把牠們稱為魔鬼。

世界上各種宗教幾乎都承認魔鬼是存在的，而且魔鬼是有法力的，所以魔鬼能做出傷害人的事。在佛教和道教的寺廟中，和尚、道士常會替人驅妖趕鬼。我由於兩眼失明，曾到臺北的一座道教寺廟拜拜，每天晚上八點鐘必到，長達一年。每天晚上，道士坐在一張長桌子後面，信徒則輪流到桌子前面，說明自己遭遇的困難，請求道士指點迷津。

經過我長期觀察的結果，發現道士的回答絕大多數是：「你撞到了白羊精。」或「黑狗星在追你。」或「你卡到陰啦（你碰到鬼啦）！」或「你背後跟著三個鬼（三個鬼）。」聽了道士的講解，會讓人心生恐懼，原來人遇到不如意的事，無論是生病、失業、夫妻吵架、財務糾紛、兒女考試失利，甚至法律訴訟，都是妖魔鬼怪在作祟。道士講完後就燒了一大把香，並在那人的前後左右和頭上揮舞，以示驅魔趕鬼。經過一年觀察，我覺得我不能長期生活在這樣的圈子裡，因此決定退出，走進耶穌基督的世界。不久，我的左眼恢復了光明。

其實，我在五、六歲的時候就經歷過道士驅魔趕鬼的事，那時正是抗日戰爭的時候，我和母親住在福建的武夷山上。當時日本軍隊攻占了福建省很多城市，但沒有進入武夷山，因為武夷山是游擊隊出沒的地方，日本人覺得武夷山地形陡峭，不易控制，若派少量日軍進入，會被游擊隊吃掉，若派大量日軍又覺得沒有必要，所以抗戰八年中，日本軍隊始終沒有進入武夷山。然而日軍雖沒進來，卻常派飛機來偵察，有時也會投下炸彈。

有一天，日本飛機又來到武夷山上空，我躲在飯桌下面，突然一聲巨響，日本飛機投下一顆炸彈，在我家不遠處爆炸，我嚇得大哭起來，媽媽跑來抱住我，我全身不住地發抖，到了下午，就發起燒來。當時武夷山沒有西醫，只有一個小中藥鋪和一個老中醫，母親帶我去看中醫，拿了中藥，到吃晚飯的時候，我的高燒仍未退，母親找來一個道士，道士說我的魂被鬼捉去了，他要為我趕鬼收驚。當時武夷山沒有電燈，我躲在外房床上，桌上一盞油燈，只見道士一手拿香，一手搖鈴，在房間裡轉來轉去，口中唸唸有詞，我在迷迷糊糊中睡著了。第二天，我的燒退了，也不知道是那老中醫的藥有效，還是那道士真的把鬼趕跑了。

在《聖經》〈約伯記〉中記載了魔鬼把約伯害得家破人亡的故事，可見魔鬼是有超能力，會害人的，不過，《聖經》裡把魔鬼稱為撒但。

魔鬼和上帝是敵對的，魔鬼處處和上帝唱反調，譬如上帝主張人要相愛，魔鬼就要挑起人的仇恨；上帝說人要和睦相處，魔鬼就要製造鬥爭；上帝要人喜樂，魔鬼則讓人憂愁；上帝要給人平安，魔鬼便使情勢變成凶險；上帝以良善為美，魔鬼則以罪惡為樂。

魔鬼除了會直接傷害人的身體之外，魔鬼最可怕的招數是引誘人心，讓人走向與上帝背道而馳的道路。

魔鬼如何引誘人們遠離上帝呢？牠的方法就是利用人的原始「罪性」。最初，上帝造人是按照自己的樣式，所以人的原始本性是善的，但自從亞當、夏娃吃了分別善惡樹的果子以後，罪性就進入了人的遺傳基因，代代相傳，所以每一個人一出生就帶著潛伏的罪性。

這潛伏的罪性平時很少顯露出來，讓人不容易察覺是罪性，譬如小嬰兒喜歡搶別人的玩具、糖果，又喜歡用小拳頭打人，用嘴咬人，大人會覺得那是小嬰兒可愛的表現，殊不知這些小動作已經透露出人的罪性。等到人長大以後，常會顯出許多道德上的缺點，像貪慾、妒忌、仇恨、驕傲、虛榮、兇暴、謊言、欺詐等等。我們有時會稱這些道德上的缺點，為人的劣根性或人性的弱點，其實就是罪性。罪性和上帝給人的善性不同，善性是使人向上提升，罪性則使人向下沉淪，然而向上提升是需要努力的，是很辛苦的，就像逆水行舟一樣，要不停地用力划槳；向下沉淪則很輕鬆，像順水行舟，不必划槳，只要舒舒服服地躺在船上，船自然就會向下漂流。魔鬼善於利用人的罪性，把人帶向罪惡而人卻不自知。

有一個老農夫帶著兩個兒子住在偏僻的山區裡，很少和外界來往，老大叫大龍，老二叫小虎，父子三人在山裡開闢出一大片果園、菜園。他們過著自給自足的生活，雖然生活相當清苦，沒有舒適的享受，但純樸勤勞的生活，倒也讓人心情放鬆、身體健康。

有一天，老農夫帶著兩個兒子到山下的市鎮去採購日用品，父子三人各拿一根扁擔，挑著大包小包的日用品回山裡。那天晚上，大兒子大龍向父親提出要求，說：「爸爸，我想到市區工作，我不想再住在山裡面了。」老農夫勸阻不了，只好拿了一大筆錢給大兒子，讓大兒子下山。

大龍到了市區，住進一家旅館，舉目無親的他，沒有一技之長，只能在街上閒逛。市區有幾個遊手好閒的年輕人，每天在熱鬧的街道上瞎混，做一點偷雞摸狗的壞事，他們看到大龍背著大背包，兩眼茫然，並且好奇地東張西望，他們立刻看出大龍是個初進城的鄉下人，於是上前和大龍打招呼。接著，這幾個年輕人向大龍介紹市區有哪些吃喝玩樂的好去處，大龍聽了心動不已，就要求這幾個年輕人帶他去。於是，這幾個年輕人就帶大龍去大吃大喝，又找來幾個妓女，讓大龍每天都沉醉在酒色之中。

大龍從小就生活簡樸，每天吃的是蔬菜水果，從來沒接觸過女人，現在到了市區，每天大魚大肉，菸酒不斷，又有女人陪伴，大龍樂得不得了。但是，生活方式突然改變，大龍的身體受不了，過了一個多月後，有一天大龍一個人在旅館的房間裡，突然覺得頭暈，全身冒冷汗，眼前發黑，人便昏倒了，完全沒有被人發現。第二天上午，旅館的服務生進來準備打掃房間，才發現大龍躺在地上，立刻找人把大龍送到醫院，但已經回天乏術了。

過了半年，老農夫在山上一直不見大兒子回來，便叫小兒子下山去尋找哥哥。小虎下了山，到了市區，人海茫茫，不知到哪裡去找哥哥。小虎在街上漫無目的地走來走去，被幾個小流氓盯上了，那幾個小流氓上前和小虎說話，裝得很親熱的樣子，讓小虎覺得到了陌生的地方也不孤單。在幾個小流氓引誘之下，只過了一個禮拜，小虎就染上了毒癮，為了買毒品，小虎上山向父親要錢，老農夫不肯給，父子就吵起架來，小虎毒癮發作，猛然向父親的頭部重重揮出一拳，老農夫立刻倒下，後腦正好撞上一塊大石頭，鮮血直流，小虎看到呆住了，山上又無法求救，不久，老農夫就死了。

第二天，小虎草草地把老農夫埋葬了，然後下山，把家裡的果園賣掉，換來大筆的錢買毒品，過了一年，小虎的錢花完了，為了賺錢買毒，小虎參加了販毒組織，擔任運送毒品的任務。有一天，警方發現這個販毒集團，展開追查，在一場槍戰中，小虎中彈身亡。

大龍和小虎原本在山上過著平安悠閒的生活，但到了市區，內心貪慾的罪性被挑起來，魔鬼乘機進入他們的心裡，使他們犯的罪越來越大，終至死亡。

《聖經》上記載著一則耶穌和彼得的故事，耶穌告訴門徒，他要到耶路撒冷，會受許多苦，並且被殺，第三日復活。他的門徒彼得說：「主啊！萬不可如此，這事必不臨到你身上。」耶穌轉過來，對彼得說：「撒但退我後邊去吧！」初讀《聖經》的人會感到很奇怪，彼得是耶穌身旁最信任的門徒，耶穌為什麼叫彼得為撒但，何況彼得是因為不捨得耶穌去送死，才立刻出來阻攔。然而耶穌要去耶路撒冷受死，乃是上帝的計畫，這個計畫是極為偉大動人的，將影響全人類未來的命運，所以這個計畫是魔鬼撒但所不願看到的，於是魔鬼便利用彼得愛師心切的心理，阻止耶穌去實行這個計畫。耶穌說：「撒但退我後邊去吧！」是在斥責彼得心裡的魔鬼，因為那時候彼得只是魔鬼的工具，說了魔鬼想要說的話，耶穌斥責魔鬼是要彼得脫離魔鬼的迷惑，要用心揣摩神的旨意。

魔鬼很會利用人性中惡的一面，擴大人的惡性，使人沉迷於物慾、肉慾，又會利用愛好新奇的心理，以時尚流行取代是非對錯，以追求滿足慾望來燃燒起貪婪邪惡之火。魔鬼要人們抓緊物質，輕視靈性，鼓勵人們把握肉體生命，擁抱享樂，放縱自己。過去臺灣社會曾流行一句話：「只要我喜歡，有什麼不可以。」這真是魔鬼的宣言，如果人人都照著魔鬼的宣言去做，這世界就被魔鬼掌控了。

魔鬼隨時隨地在人的身邊，他會利用人的軟弱，利用人的劣根性，有時甚至會利用人的愛心，滲透進人的心裡，轉移、控制人的思想和行為，讓人走向罪惡的深淵。怎麼樣才能拒絕魔鬼的入侵呢？拒絕魔鬼最好的方法，就是隨時隨地把神放在心裡，隨時反省和警惕，自己的思想和行為有沒有離開神的道路，只要不斷反省和警惕，就不會被魔鬼控制了。

20 什麼是揀選？被揀選的人就會得救嗎？

上帝對人的揀選有兩種，一種是個別的揀選，一種是集體的揀選，從耶穌誕生以後，全世界的人都是上帝要揀選的人，但被揀選的人不一定會得救。

我有一個朋友，他讀過《聖經》，也聽過牧師講道，有人勸他受洗，他回答：「我不受洗，因為上帝沒有揀選我。」

我感到很奇怪，他怎麼知道上帝沒有揀選他？所以今天就來和大家談談上帝揀選了誰的問題。

「揀選」一詞在《聖經》裡出現的次數非常多，在《舊約》中「揀選」一詞出現三十四次，在《新約》中出現三十二次，也就是說全本《聖經》共出現六十六次。「揀選」一詞的意義相當清楚，就是「挑選」，從許多人中挑選一個人或若干人，就是揀選。

上帝對人的揀選有兩種，一種是個別的揀選，一種是集體的揀選，先談個別的揀選。

所謂個別的揀選，是指上帝對某一個人的揀選，其實也可以說是上帝對某一個人呼召。譬如上帝揀選亞伯拉罕，要他帶領妻子和奴僕離開老家吾珥到迦南去。譬如上帝揀選摩西，要摩西帶領以色列人離開埃及，解除奴隸的身分。譬如上帝揀選大衛，建立一個富強的以色列王國。譬如耶穌揀選保羅，要保羅將福音傳到耶路撒冷以外的地區。以上都是神對某一個人的揀選，這種個別的揀選為數不多，但在個別的揀選中，那被揀選的人是要肩負上帝所交付的特殊使命，所以那被揀選的人身上的負荷是十分沉重的。

至於集體的揀選，是指上帝對某一個群體的人做整個的挑選，集體揀選最重要的事例，就是上帝對以色列民族的揀選。在《聖經》裡常稱以色列人為「選民」，這「選民」不是今天報章雜誌所說的「選民」。現今的報章雜誌所說的選民，是指有選舉權的人民，《聖經》中「選民」的意思，則是指被上帝揀選的人民，在《舊約》中選民就是以色列人，在《新約》中選民是指基督徒。

揀選只是一個動作，是一個過程，揀選不是目的，那麼揀選的目的是什麼？前面講個別的揀選，目的十分清楚，上帝揀選亞伯拉罕，要亞伯拉罕離開他的族人，和妻子到迦南去，目的是要從亞伯拉罕開始，創造一個新民族，這個新民族是亞伯拉罕的子孫，生活在一個單一的空間裡，盡可能保持血統的純淨。這就是以色列民族，因為上帝要挑選這個民族作為祂的實驗組，祂想把以色列人訓練成為人類中最合於上帝心意的典範民族。

至於上帝揀選摩西，目的是要摩西帶領以色列人出埃及，並且向以色列人傳達神的律法和旨意。而上帝揀選保羅，目的是要保羅把福音向小亞細亞和歐洲宣揚出去。個別的揀選都是有大任務、大使命，所以在《聖經》上見到個別揀選的案例不太多。

上帝揀選以色列人的目的是什麼？目的是要以色列人做祂聖潔的子民，讓以色列人成為合乎上帝心意的民族。

然而，事實的發展又是如何？

以色列人過紅海以後，便不斷做出許多違反上帝旨意的事，譬如上帝召摩西登上西乃山，授給摩西十誡和許多律法，以色列人這時卻在西乃山下造了金牛犢作為神像，加以祭拜，這事惹得上帝大發烈怒，要將以色列人滅絕，經過摩西苦苦哀求，上帝才不降禍與以色列百姓。

以色列人在曠野繞行四十年，這期間做出許多違背上帝旨意的事，讓上帝一再表示不滿。終於以色列人進入迦南地，甚至在迦南地建立了以色列國，可是以色列國的君王卻經常違背上帝的旨意，做了許多違反律例的事，連上帝喜愛的所羅門王，晚年時竟也去拜西頓人的女神亞斯他錄，摩押人的神基抹，亞捫人的神米勒公，並為那些神蓋祭壇。所羅門王又違背上帝的旨意寵愛許多外邦女子，這些外邦女子有摩押人、亞捫人、以東人、西頓人、赫人，這些女子誘惑所羅門王過著奢侈荒淫的生活，遠離了上帝。

因而引起上帝的憤怒，在所羅門王死後，以色列便分裂為二，北邊的國仍稱為以色列國，南邊的國則稱為猶大國。根據《聖經》的記載，北方以色列國從第一個君王耶羅波安開始，到何細亞王被亞述滅亡，傳國兩百零八年，共傳二十位君王。南方猶大國從羅波安開始，到西底家王被巴比倫滅亡，傳國三百四十四年，共傳二十位君王。以色列國的二十位君王，《聖經》上說他們所行的都是上帝耶和華看為惡的事，猶大國的君王有半數以上也是行上帝眼中看為惡的事。

這些事讓上帝耶和華大發怒氣，在以色列國和猶大國亡國之前，上帝透過先知以西結、耶利米、以賽亞、阿摩司等預言以色列和猶大必滅亡，百姓或被殺，或流離外邦，耶路撒冷將遭破壞成為荒場，甚至聖殿都將被廢棄。這些預言後來都一一應驗，西元前七二二年以色列國被亞述滅亡，大批以色列人被擄走，遣送到亞述帝國的其他城市。南方的猶大國則到西元前五八八年被巴比倫帝國滅亡，耶路撒冷淪陷，全城被摧毀，猶大國的以色列百姓被擄到巴比倫帝國各地，以色列人至此真正亡國。

《聖經》中一再強調以色列人確實是被上帝揀選的民族，可是看看歷史的演變，以色列亡國了，以色列人被上帝丟棄了。讀了讓人真是感傷。到了耶穌降生，進入《新約》時代，使徒保羅在〈羅馬書〉中說：「以色列所求的，他們沒有得著，惟有蒙揀選的人得著了。」

奇怪，以色列人明明是蒙揀選的，為什麼會「沒有得著」？那麼保羅所說的「蒙揀選的人」又是指誰呢？原來耶穌來到人世間，是要傳達上帝一個新旨意，就是要把上帝的救恩從以色列擴大到全世界、全人類，要把福音傳遍全世界，上帝願萬人得救，不願有一人沉淪。所以到了《新約》時代，上帝的「揀選」已經不限於以色列人，而是擴展到全世界、全人類，於是從耶穌誕生以後，全世界的人不分種族、膚色，都是上帝要揀選的人，時至今日，你我都是上帝要揀選的人。

前面講過，揀選是一個動作，一個過程，揀選的目的是要讓被揀選的人得到救恩。什麼是救恩？救恩就是活在世上的時候，能享受到平安喜樂，來生能進入天國，得到永生，所以救恩不但是上帝賜給人類今生的幸福，也賜福給人類來生永遠長存的日子。

以色列人蒙上帝揀選卻得不到救恩，耶穌降世以後，許多人聽到了福音，卻不肯信耶穌，最令人驚奇的例子是猶大出賣耶穌。猶大是耶穌的十二個門徒之一，毫無疑問地，猶大是耶穌所揀選的人，然而猶大竟做了出賣耶穌的事，猶大最後不僅不能得救，恐怕還會落入地獄火湖之中，所以蒙揀選不等於得救。

21 上帝揀選的人，為何仍會失去救恩？

上帝給人自由意志，人們會出現叛逆心，隨心所欲，目中無神，在這種自己放棄的情況下，上帝縱使揀選了他，他也得不到上帝的救恩。

在看完對揀選的解釋後，很多人都會提出一個疑問：「上帝不是無所不能的神嗎？神既然揀選了一個人，這個被揀選的人為什麼會違背上帝的旨意以致得不到救恩呢？這不是否定了神是無所不能的嗎？」要回答這個問題，須從上帝創造人說起——上帝創造亞當、夏娃時，是把自由意志放在人類的心裡，希望人類是一個活潑、有感情、有創意的生物，而不是由一個模子生產出來，刻板、僵硬只會服從命令的生物。

一個母親生了一個小嬰兒，小嬰兒學爬、學走、牙牙學語，家裡面家務事一大堆，媽媽就買了一個機器人，讓機器人幫她做家事。這機器人真能幹，一按電鈕，就會去掃地、擦桌子、擦窗子、洗衣服和做其他家事，這個小嬰兒不會掃地、不會擦桌子、不會洗衣服、不會做任何家事，只會要吃、要喝、要抱抱。請問這個母親是愛機器人多，還是愛小嬰兒比較多？

任何一個做母親的都會說：愛小嬰兒比較多。為什麼？因為小嬰兒活潑、有感情、有創意（包括一些頑皮搗蛋的動作）。上帝就像那個媽媽，祂要自己創造出來的人類是活潑、有感情、有創意的生物，於是把自由意志給了人類。

從亞當、夏娃開始，罪就進入人心，成為人類的基因之一，這罪性很容易便和自由意志相遇。在罪性引誘之下，自由意志往往就會讓人走向惡的一方。當摩西帶領以色列人出埃及之後，上帝頒下了十誡，這十誡是上帝要以色列人共同遵守的生活規範，既然是規範就是一種約束，規定以色列人要如何如何，不可如何如何。

以色列人在自由意志的驅使下，覺得這些約束不舒服，在罪性的引誘下，自由意志便使以色列人離開了上帝，走向貪婪、享樂、縱慾、仇恨、自私、拜偶像之路。他們背離上帝的道，越走越遠，終致家破國亡，失去了上帝的救恩。

一個少年在十二、三歲到二十歲之間常有叛逆的想法，所以被稱為「叛逆期」。叛逆期的形成是這少年進了中學，父母管得比較鬆，他睜眼看看外邊的世界，五彩繽紛，誘惑像毛毛細雨，不斷打到他的身上，這些誘惑多數是父母從前所不許他做的事，他覺得自己長大了，可以自由自在，隨心所欲，於是他開始反抗父母，不聽父母的管教，叛逆的行為也就出現了。

我年輕的時候，做過幾年家庭老師，我做過其中一個十二歲孩子的家庭老師，那時他正讀小學六年級，功課壞得不得了，幾乎每一科都不及格。為什麼他的成績那麼壞，不是他愚笨，而是他喜歡調皮搗蛋，作弄同學，違背校規，上課不聽老師講課，回家不做作業。他的家長對他無可奈何，請我每個星期用兩個晚上去他家為他補習功課，後來我教了兩年便中止了這份家教。

過了三十年，有一天，我又遇到這個學生，他已經是四十幾歲的人了，他正擔任會計師的工作，事業和家庭生活都很美滿。我問他有幾個兒子，他說：「有一個兒子，十三歲剛進中學，真是叛逆得不得了，老是被學校處罰，我對他說：『你做的壞事我當年都做過，我現在想來那都是不對的，希望你別重蹈我的覆轍，趕快改邪歸正。』老師，謝謝你當年做我的家庭老師，告訴我什麼是正途，讓我收起叛逆之心，否則我今天怎麼能擔任會計師。」

上帝給人自由意志，人們在自尊自大、狂傲心理的錯覺下，也會出現叛逆心，他要放任自己，隨心所欲，目中無神。在這樣的情況下，上帝縱使揀選了他，他也得不到上帝的救恩。

《聖經》〈以賽亞書〉第六十五章二節記載上帝耶和華的話：「我整天伸手招呼那悖逆的百姓，他們隨自己的意念行不善之道。」在《聖經》〈馬太福音〉第二十二章中，耶穌說了一個故事：一個王為他兒子擺設娶親的宴席，就打發僕人去請那被召的人來赴宴，他們卻不肯來。耶穌講的故事便是隱喻上帝揀選了人，被揀選的人並不理會，當然就吃不到筵席的菜餚，也就是得不到上帝的救恩。

可見蒙上帝的揀選未必最後就能獲得救恩，要獲得救恩，還是要靠人的自由意志去接受。一個人如果沒有得救，不是因為神不揀選他，不是因為神不拯救他，一個人的滅亡是因為他是罪人，因為他用自由意志放棄了自己得到救恩的權利。

總而言之，一個人是否得救，是神的恩召和人的自由意志相配合的結果，兩個焦點合一，就成全了人的得救。要把兩個焦點對準合在一起，需要一條線穿過兩個焦點，這條線就是人對神的信心。信心這條線是看不見、摸不到的，是一條心靈的線，它是靠著感覺和感動在遊走，心靈的線是沒有固定軌道的，卻會在突然之間觸動人內心深處。有人在聽了一個故事後會悲傷哭泣，有人在教堂裡聽到敬拜的詩歌會淚流滿面，這都是心靈的線在顫抖。當心靈的線把自由意志和上帝的揀選兩個焦點連在一起，這個人就自自然然地走上了上帝的道路，得救就成為自自然然的結果。

22 為何《聖經》說神也會後悔？

全面閱讀《聖經》中的故事，才發現神的「後悔」非字面之意，「絕不後悔」是指上帝對人類的應允不會改變；「我後悔了」，是指上帝要施予憐憫。

有一位朋友對我說：「最近讀了一遍《聖經》，發現《聖經》裡常出現上帝後悔了的字句，我感到很奇怪，上帝是全知全能的神，祂能預知未來的事，祂不會做錯事，但是上帝為什麼要後悔呢？同時《聖經》又說神絕不後悔，這豈不是自相矛盾嗎？」

這位朋友讀《聖經》讀得真仔細，這不起眼的字句也注意到了。的確，《聖經》裡記載上帝說：「我後悔了」的話多達二十七次，但《聖經》也有神絕不後悔的字句有十次之多。這看起來有點矛盾，如果神絕不後悔，那為什麼又後悔呢？

首先，我們來看看《聖經》裡提到上帝絕不後悔的經文。

〈民數記〉第二十三章十九節：「神非人，必不致說謊，也非人子，必不致後悔，他說話豈不照著行呢，他發言豈不要成就呢。」以上這段話是以色列人尚在曠野時，巴蘭對摩押王巴勒說的。

〈撒母耳記上〉第十五章二十九節：「以色列的大能者必不致說謊，也不致後悔，因為他迥非世人，絕不後悔。」這段話是撒母耳對掃羅王說的。

〈詩篇〉第一一〇篇四節：「耶和華起了誓，絕不後悔。」這是大衛所寫的詩句。

〈耶利米書〉第四章二十八節：「因為我言已出，我意已定，必不後悔。」這段經文是先知耶利米引述耶和華的話。

〈耶利米書〉第二十章十六節：「願那人像耶和華所傾覆而不後悔的城邑。」這段經文是先知耶利米講的話。

〈以西結書〉第二十四章十四節：「我耶和華說過的必定成就，必照話而行，必不返回，必不顧惜，也不後悔。」這段經文是先知以西結述說耶和華的話。

〈何西阿書〉第十三章十四節：「在我眼前絕無後悔之事。」這段經文是先知何西阿引述耶和華的話。

〈撒迦利亞書〉第八章十四節：「萬軍之耶和華如此說，你們列祖惹我發怒的時候，我怎樣定意降禍，並不後悔。」這段經文是先知撒迦利亞引述耶和華對以色列人說的話。

〈羅馬書〉第十一章二十九節：「因為神的恩賜和選召是沒有後悔的。」這是使徒保羅講的話。

〈希伯來書〉第七章二十一節：「主起了誓絕不後悔。」這段話是〈希伯來書〉作者引用〈詩篇〉第一一〇篇大衛所寫的詩句。

上面所引《聖經》中十次「絕不後悔」的經文，其中六次是人所說的話，四次是先知引述上帝耶和華的話，可見上帝絕不後悔多半是人猜測上帝的心意。

至於《聖經》裡記載上帝說：「我後悔了」的話多達二十七次，不能一一引述，不過多數是上帝自己說的，只有〈詩篇〉中的三次是人所說的話。上帝為什麼要說「我後悔了」的話？我們且看幾個案例。

〈出埃及記〉第三十二章十四節：「於是耶和華後悔，不把所說的禍降與祂的百姓。」在這段話裡，上帝之所以會說後悔是有原因的。當摩西奉上帝的召喚上了西乃山，在西乃山停留四十天，上帝把兩塊寫了十誡的石版交給摩西。以色列的百姓在山下久候，不見摩西下山，便聚集到亞倫那裡，對亞倫說：「為我們做神像，可以在我們前面引路，因為領我們出埃及地的那個摩西，我們不知道他遭了什麼事。」

於是亞倫便造了一隻金牛犢，並且築壇獻祭。耶和華大為發怒，對摩西說：「我要向他們發烈怒，將他們滅絕。」摩西對上帝懇求說：「耶和華啊，你為什麼向你的百姓發烈怒呢？這百姓是你用大力和大能的手從埃及地領出來的，為什麼使埃及人議論說『他領他們出去，是要降禍與他們，把他們殺在山中，將他們從地上除滅？』求你轉意，不發你的烈怒，後悔，不降禍與你的百姓，求你記念你的僕人亞伯拉罕、以撒、以色列，你曾指著自己起誓說：『我必使你們的後裔像天上的星那樣多，並且我所應許的這全地，必給你們的後裔，他們要永遠承受為業。』」於是耶和華後悔，不把滅絕的禍降與以色列百姓。

在〈撒母耳記下〉第二十四章十六節也記載了上帝耶和華說後悔的話。事情是這樣的，大衛王命數點以色列的百姓，這事惹耶和華生氣，於是上帝耶和華便降瘟疫，讓以色列百姓死了七萬人，當天使向耶路撒冷伸手要滅城的時候，耶和華後悔，就不降這災了，吩咐滅民的天使說：「夠了！住手吧！」

〈耶利米書〉第十八章七至十節：「我何時論到一邦或一國說，要拔出、拆毀、毀壞，我所說的那一邦，若是轉意離開他們的惡，我就必後悔，不將我想要施行的災禍降與他們。我何時論到一邦或一國說，要建立、栽植，他們若行我眼中看為惡的事，不聽從我的話，我就必後悔，不將我所說的福氣賜給他們。」

〈阿摩司書〉第七章一至三節，記述上帝耶和華命蝗蟲吃盡以色列的青色植物，先知阿摩司求耶和華赦免這罪，耶和華就後悔，說：「這災可以免了。」

〈約拿書〉記載尼尼微城充滿了罪惡，上帝命約拿到尼尼微城去宣告說：「再等四十天，尼尼微必傾覆了。」尼尼微王脫下朝服，披上麻布，坐在灰中，又下令通告全城百姓禁食，牛羊牲畜不可吃草喝水，都要披上麻布，切切求告神，各人回頭離開所行的惡道，丟棄手中的強暴，求神饒恕赦免。於是「神察看他們的行為，見他們離開惡道，他就後悔，不把所說的災禍降與他們了。」

從上面引述的幾段經文可以看出，上帝的「後悔」有兩種意思，一是追悔從前的言行，一是神憐憫人。

在希伯來文《舊約》中「神的後悔」一詞常帶有悲傷、憐憫的意思，所以當上帝說：「我後悔了。」實際上是表示上帝施予憐憫的意思。

也許有人會問：「上帝為什麼要施予憐憫？」原來上帝造人時便給予人自由意志，人有了自由意志便常常自以為聰明，脫離神的規範，任意而行，甚至做出許多背叛上帝的事，於是罪惡就不斷滋長。上帝是聖潔的，他看到人類犯了罪總是感到痛心和擔憂。

上帝給人自由意志乃是一個極大的恩典。上帝原可以不給人自由意志，讓人類像一群機器人，過著規律、固定、刻板的生活，但上帝想要的是有靈性的人類，有創造力的人類，於是上帝給予人類自由意志。人類也察覺到自由的價值和可貴，「不自由，毋寧死。」成為人們常掛在嘴邊的話，匈牙利詩人裴多菲（Petofi Sandor）說：「生命誠可貴，愛情價更高，若為自由故，兩者皆可拋。」成為琅琅上口的名言。的確，自由已經成為人類普世的價值。

問題是人類有了自由後便脫離了神的規範，神的規範落實到人間便是道德與法律，人們各行其是，完全漠視道德和法律，人們會說：「只要我喜歡，有什麼不可以。」這是完全沒有約束的自由，沒有約束的自由就像一輛沒有煞車裝置的汽車，到處撞人，到處撞別的車，結果是害了別人，也傷了自己。

上帝對於人們濫用自由而墮落犯罪深感痛心，便一再呼籲那些人離開罪惡，回到上帝的道路，不過人們卻經常不領受神的勸導。

〈以賽亞書〉第六十五章二節，上帝耶和華說：「我整天伸手招呼那悖逆的百姓，他們隨自己的意念行不善之道。」在〈馬太福音〉第二十三章三十七節，耶穌感嘆地說：「耶路撒冷啊，耶路撒冷啊！你常殺害先知，又用石頭打死那奉差遣到你這裡來的人，我多次願意聚集你的兒女，好像母雞把小雞聚集在翅膀底下，只是你們不願意。」耶穌使拉撒路死而復活，有些人因此信了耶穌，但祭司長和長老反而想要殺耶穌，甚至連拉撒路也要殺了，這都是人用自由意志選擇站在反對上帝的一方。

使徒保羅和巴拿巴在以哥念宣揚福音，〈使徒行傳〉第十四章一至二節：「兩人在以哥念同進猶太人的會堂，在那裡講的，叫猶太人和希臘人信的很多，但那不順從的猶太人聳動外邦人，叫他們心裡惱恨弟兄。」保羅四處去傳道，有信的，也有不信的，在〈使徒行傳〉中有多處紀載，人的自由意志常會讓人背離上帝。

人們背離上帝，做出了許多罪惡的事，上帝有時不得不給予懲罰，但上帝心裡並不喜歡懲罰人們，這就好像一個母親見到兒子一再犯錯，為了糾正兒子錯誤的行為，拿起板子來打了兒子，兒子被打得哇哇大叫，母親也抱著兒子痛哭，這就是中國人常說的：「打在兒身，痛在娘心」。上帝的心情和這個母親的心情很像，他懲罰了那些犯罪作惡的人們，心裡是很沉重、憂傷的。

如果在祂施行懲罰之前或施行之中，人們表示願意悔改認罪，上帝便會心軟，停止懲罰。前面所說，大衛犯罪後，上帝降禍給以色列人，到了耶路撒冷，上帝便叫停，不再降禍；又如前面所說的尼尼微事件，上帝原意是要毀滅尼尼微城，由於尼尼微人及時悔改，上帝便收回毀滅尼尼微的旨意。《聖經》上把上帝收回已發布或將要發布的命令，稱為「後悔」。

總而言之，《聖經》裡講到上帝絕不後悔，是指上帝對人類的應允不會改變；《聖經》裡講上帝後悔了，是指上帝要施予憐憫，給予赦免，收回懲罰。所以《聖經》上說上帝絕不後悔，又說上帝後悔了，兩者並不互相矛盾、衝突，因為這兩者所指的內涵是不相同的。我們讀《聖經》不要只看經文的文字，還要多思考文字所包含的意義。

23 《聖經》裡的「約」做何解釋？又有哪些類型？

《聖經》中的「約」有三類——神與人立約、人與神立約、人與人立約。各有不同層次的意義，但只要立約就要遵守。

有人問我：「《聖經》裡常出現『約』這個字，甚至《聖經》的書名還叫《舊約》、《新約》，這些約是什麼？是不是像現在社會上通用的買賣房屋、土地的契約？我們現在的契約是要甲方、乙方簽名蓋章才算有效，《聖經》的約是誰和誰簽訂的？有沒有簽名蓋章呢？」

要回答這個問題，首先要看一看《聖經》裡是不是常提到「約」這個字，翻開《聖經》做一個小統計，「約」這個字在《舊約》中出現五十七次，在《新約》中出現了十六次，全部《聖經》共出現「約」字七十三次（不包括人名：約伯、約坦、約押、約拿、約珥、約瑟、約翰、約拿單、約書亞和地名：約帕、約旦河，以及一般名詞：約定、約櫃等），可見「約」是《聖經》中常出現的用字，究竟是什麼意思？

在中國最早的字典《說文解字》中對「約」的定義是「纏束也」，意思就是用繩子把東西綁在一起。希伯來文的「約」字有鎖鍊的意思，如果「約」當動詞用，在希伯來文就有「切割」或「切開」的意思，也就是說如果不守約，將會像祭物一樣被切割，像祭祀用的牛羊一樣被劈為兩半，因此，希伯來文的約字代表一種盟誓。

從《聖經》來看，「約」大致有三類——神與人立約、人與神立約、人與人立約，這三種約分別說明如下：

一、**神與人立約**：這是《聖經》中最重要的約，舉例如下：

〈創世記〉第九章九至十三節，上帝耶和華對挪亞和他的兒子說：「我與你們和你們的後裔立約，並與你們這裡的一切活物，就是飛鳥、牲畜、走獸，凡從方舟裡出來的活物立約，我與你們立約，凡有血肉的，不再被洪水滅絕，也不再有洪水毀壞地了。神說，我與你們並你們這裡的各樣活物所立的永約是有記號的。我把虹放在雲彩中，這就可作我與地立約的記號了。」

〈創世記〉第十五章十八至二十一節：「當那日耶和華與亞伯蘭立約，說：『我已賜給你的後裔，從埃及河直到幼發拉底大河之地，就是基尼人、基尼洗人、甲摩尼人、赫人、比利洗人、利乏音人、亞摩利人、迦南人、革迦撒人、耶布斯人之地。』」

〈創世記〉第十七章四至十三節：「上帝耶和華對亞伯蘭說，『我與你立約，你要作多國的父。從此以後，你的名不再叫亞伯蘭，要叫亞伯拉罕，因為我已立約你作多國的父，我必使你的後裔極其繁多，國度從你而立，君王從你而出，我要與你並你世世代代的後裔堅立我的約，作永遠的約，是要作你和你後裔的神……』神又對亞伯拉罕說：『你和你的後裔必世世代代遵守我的約，你們所有的男子都要受割禮，這就是我與你並你的後裔所立的約，是你們所當遵守的。你們都要受割禮，這是我與你們立約的證據。』」

〈出埃及記〉第三十一章十六節，上帝說：「故此以色列人要世世代代守安息日為永遠的約。」

〈出埃及記〉中記載摩西上西乃山，上帝賜給摩西兩塊石版，上面刻著十誡，又對摩西說了許多律法，「耶和華吩咐摩西說，你要將這些話寫上，因為我是按這話與你和以色列人立約。」

〈民數記〉第二十五章十二至十三節，上帝耶和華說：「我將我平安的約賜給他（亞倫的孫子非尼哈），這約要給他和他的後裔作為永遠當祭司職任的約。」

〈耶利米書〉第三十一章三十一節：「耶和華說：『日子將到，我要與以色列家和猶大家另立新約，不像我拉著他們祖宗的手，領他們出埃及地的時候，與他們所立的約，我雖作他們的大丈夫，他們卻背了我的約。』」

以上只是舉幾個神與人立約的例子，下面看人與神的立約。

二、**人與神立約**，這約是由人主動提出，下面舉幾個例子：

〈列王紀下〉第十一章十七節記載，「祭司耶何耶大使王和民與耶和華立約，作耶和華的民。」

〈列王紀下〉第二十三章一至三節記載，猶大王約西亞「差遣人招聚猶大和耶路撒冷的眾長老來。王和猶大眾人與耶路撒冷的居民，並祭司、先知和所有的百姓，無論大小，都一同上到耶和華的殿，王就把耶和華殿裡所得的約書念給他們聽。王站在柱旁，在耶和華面前立約，要盡心盡性地順從耶和華，遵守祂的誡命、法度、律例，成就這書上所說的約言，眾民都服從這約。」

〈以斯拉記〉第十章一至五節：「以斯拉禱告、認罪、哭泣，俯伏在神殿前的時候，有以色列中的男女孩童聚集到以斯拉那裡，成了大會，眾民無不痛哭，屬以攔的子孫、耶歇的兒子示迦尼對以斯拉說：『我們在此地娶了外邦女子為妻，干犯了我們的神，然而以色列人還有指望，現在當與我們的神立約，休這一切的妻，離絕她們所生的，照著我主和那因神命令戰兢之人所議定的，按律法而行……』以斯拉便起來，使祭司長和利未人，並以色列眾人起誓說，必照這話去行，他們就起了誓。」

〈尼希米記〉第九章，記述尼希米帶領以色列人民和祭司在耶和華面前認罪、悔改，和神立約，並寫在冊子上，然後祭司、利未人和以色列首領都簽了名，願意謹守遵行耶和華的一切誡命、典章、律例。

王子約阿施。

三、人與人立約：《聖經》裡也記載人與人立約，舉幾個例子：

〈創世記〉第二十一章二十二至三十二節，記述亞比米勒和亞伯拉罕立約之事。

〈創世記〉第二十六章二十六至三十節，記述以撒和亞比米勒立約結盟。

〈約書亞記〉第九章三至十五節，記述約書亞與基遍人立約，容許基遍人活著。

〈列王紀下〉第十一章四節，記述祭司耶何耶大和護衛兵的眾百夫長立約，以保護

以上舉例說明了三種約：神與人立約、人與神立約、人與人立約。這三種約中，人與人立約是最容易了解的，因為和現代社會中人與人訂立契約相似。不過《聖經》中人與人立約未必有書面文字和簽名蓋章，而是面對上帝，雙方共同發誓，立約後有時會擺設筵席以為慶賀，有時會互贈禮物以示友好。

不要認為沒有書面文字和簽名蓋章就沒有效，立約是對著上帝發誓，上帝是立約的見證人，如果違背所立的約，上帝會給予報應。譬如約書亞率領以色列人進入迦南，上帝命令要把迦南地的原住民殺光，當時迦南地區有一個基遍城，基遍人聽到以色列人在

上帝幫助下走過約旦河、攻破耶利哥和艾城，心中十分恐懼，便裝扮成乞丐的模樣，向約書亞投降，請求免死，約書亞便和基遍人立約，允許不殺基遍人。

到了大衛王年間，一連三年都鬧饑荒，〈撒母耳記下〉第二十一章記載，大衛王求問耶和華何以連續三年都鬧饑荒，耶和華說：「這饑荒是因掃羅和他流人血之家殺死基遍人。」掃羅王是大衛王前一任的以色列王，曾殺了一部分基遍人，違反了約書亞和基遍人所立的約。我們查考一下，約書亞帶領以色列人進入迦南地，大約是在西元前一二四〇年，掃羅王在位的時間約在西元前一〇五〇年到一〇一一年，推算起來，從約書亞和基遍人立約，到掃羅王殺基遍人，相隔約兩百年。掃羅王違反了他的老祖宗兩百年前和基遍人所立的約，上帝還是要給予報應的，所以《聖經》裡人與人立的約，有上帝做監督，立約人都要確實遵守，以免上帝降下懲罰。

至於人與神立的約，幾乎都是人主動提出，是要重申遵守神的誡命、律例和訓示，就好像一群學生在校長面前宣誓要遵守校規一樣。

24 《聖經》中既然有各種約，哪種「約」最重要？

神與人立約，就像是中國古代頒布律法，是政府頒布，人民遵守。上帝的約書內容除了告誡人要遵守規範之外，還有上帝的應許，告訴人們將賜下福分。

《聖經》中有三類的「約」：神與人立約、人與神立約、人與人立約，在三種約中，神與人立約當然是最重要的。

《聖經》裡記載了許多次神與人立約，其中最重要的是西乃山的立約，上帝耶和華在西乃山向以色列人頒布了十誡，十誡就是十條誡命，十誡是刻在石版上，是有文字的約書，十誡實際上就是上帝給予以色列人的生活行為規範。後來加上了上帝口頭指示摩西，有關於敬拜禮儀和治理百姓的一些規定，也就是一些律例、規章，合起來稱為約書。

《聖經》裡的〈申命記〉和〈利未記〉，是專門記載上帝向摩西指示的各種律例、規章、制度的篇章，以色列人把〈申命記〉、〈利未記〉稱為律法書，看作是上帝的約書。以色列人極為重視，青少年都要背誦，許多人把約書寫成很小的冊子，綁在額頭上，表示隨時閱讀，永不忘記。

我們發現神與人立約，事先神並未與人商議立約的內容，只是神對人宣布祂的約定，所以神和人立約是一種上對下頒布旨意的動作。

我們可以用中國歷史上的一件事作為比喻。秦始皇統一中國後，施行嚴刑峻法來控制百姓，法令多如牛毛，老百姓動輒觸法，真是感到不知該如何生活，痛苦不堪。漢高祖劉邦領兵攻入秦的都城咸陽，下令廢除秦始皇的所有法令，和百姓「約法三章」，就是：殺人者死，傷人及盜抵罪。這是中國歷史上有名的「約法」，就是政府和人民約定的法令，是政府頒布，人民遵守。

上帝和人立約也是這樣，上帝頒布，人民遵守。不過，上帝的約書內容除了告誡人要遵守規範之外，還有上帝的應許，上帝會和人立約應許賜福給人。譬如上帝和亞伯拉罕立約，要把迦南地賜給亞伯拉罕的後裔，又要使亞伯拉罕成為多國之父，使他的子孫眾多。所以上帝和人立約是要告訴人們應遵守的生活規範，也會告訴人們將賜下福分。

上帝和以色列人立約雖然內容繁多，但主要的基本精神是「你們要作我的子民，我要作你們的神。」

細讀《聖經》會發現整本《聖經》的每一篇章，都直接或間接地和西乃山的約有關，漸漸地，「約」就成為全部經卷的代名詞了。

也許有人會問為什麼又有《舊約》、《新約》之分呢？原來《舊約》是指耶穌降世以前上帝和人所立的約，主要是摩西的律法，《新約》則是耶穌降臨以後，上帝和人所立的新約。這新約最主要的內容，是耶穌把自己當作聖殿裡獻祭的羔羊獻給上帝。從此以後，人們不必再個別去獻祭，耶穌已成為代替世人贖罪的羔羊，耶穌成為救贖者，所以被稱為「救主」，也成為永遠的大祭司。耶穌在世的言行都是人們的規範，這些規範就是《新約》。

總而言之，整本《聖經》都和神與人立約有關。西方人從四世紀開始便接受《聖經》，「約」的觀念深入西方人心，成為西方文化的核心思想之一，「約」就是律法，於是，這就造成西方人重法、守法的觀念，使西方國家走向法治的道路。我們常說西方人守法，這種守法精神的根源即是來自《聖經》。

25 受洗之後就能進入天堂嗎？

基督徒相信人有原罪，受洗就是要洗去自己的罪，沒有罪的人才能被神接納，才能得救，但受洗只一次得救，並非永遠得救，也不一定就可以進入天堂。

英國著名牧師大衛・鮑森（David Pawson）說過一個故事：「有一個美國母親親口對我說：『我女兒吸毒又賣淫，不過還好她七歲那年就決志信主，所以我知道將來在天堂一定會見到她。』」這個美國母親的話讓大衛・鮑森很疑惑，一個七歲的小女孩受洗信主，她長大後又吸毒又賣淫，她能進天堂嗎？

我有一個大學同學，在學校時受洗信主，畢業後他就再也沒進過教會，也沒讀《聖經》。最近我和他以及他的妻子見面，我問他：「聽說你幾年前就退休了，退休後生活如何？有沒有回教會去？」

他搖搖頭說：「沒有，我已經向上帝請假了，反正我已經受了洗，上帝一定會讓我進天堂。」

這時他的妻子在旁邊叫起來：「進天堂？上帝會讓你進天堂？」她轉過頭來對我說：「他退休以後就迷上打牌，每天坐在牌桌上幾個小時，這幾年輸掉了一、兩百萬，都快變成賭鬼了，上帝會讓賭鬼進天堂嗎？」

上面兩個故事都反映了一個想法——只要信主受洗就等於拿到進天堂的入場券，果真如此嗎？

「進天堂」是一般人的通俗用語，在教會裡很少牧師會用「進天堂」這個語詞，牧師用的是「得救」兩個字，在主日崇拜中，牧師有時會說：「上個星期有五位弟兄受洗得救了。」「得救」是教會裡經常用到的詞彙，「得救」是不是「進天堂」的意思呢？受洗就等於得救嗎？

「得救」的意思很容易了解，一個三歲的小孩爬上河邊欄杆上玩耍，一不小心，摔了下去，掉到河裡。他不會游泳，眼看就要淹死了，一個路人立刻跳入河中，抱起小孩，游上岸，這小孩因而得救了。

一個做生意的劉先生，由於經營不善，欠下五百萬元的債務，債主天天上門討債，還叫黑道流氓來恐嚇威脅，劉先生痛苦不堪，想要自殺。有一天，他的高中同學小朱去看他，小朱看劉先生滿臉愁容，問清楚是怎麼回事，聽了之後立刻拍著劉先生的肩膀說：「小劉，別憂愁，這五百萬塊我借給你，你去還清債務，一切從頭開始。」劉先生握住老同學的雙手，覺得自己像在大海中漂流，忽然抓住了一根浮木，他得救了。

前面舉的兩個例子都是世俗的得救，《聖經》裡講的得救和世俗的得救的涵義並不一樣，世俗的得救是指身體、物質、金錢的危機得到救助，《聖經》裡的得救是指人的心靈得到拯救。

由於基督信仰認為人是有原罪的，加上後天世俗的污染，所以人都是有罪的。在基督信仰裡，罪的定義和法律上罪的定義是不一樣的，在法律上一個人要有傷害別人的行為才算有罪，《聖經》裡的罪除了行為之外，還包括心思意念，例如一個人心裡嫉妒、仇恨、驕傲、貪心、自私、冷漠等等，縱使沒有行動表現，也是罪，所以《聖經》裡罪的涵蓋範圍極為廣泛，包括了有形和無形的。一個人從小到大，幾乎沒有不犯罪的，所以基督徒會承認「我是罪人」。

在《聖經》〈約翰福音〉中記述了一段故事：一群猶太人帶著一個行淫時被抓的婦人去見耶穌，問耶穌可不可以用石頭把婦人打死，耶穌說：「你們中間誰是沒有罪的，誰就可以先拿石頭打她。」一眾人聽了耶穌的話，從老到少就一個一個都出去了。中國人對這個故事多半聽不懂，為什麼當時在場的猶太人不拿石頭打那個婦人，反而一個一個都出去了？原來這個故事顯示了猶太人受《聖經》的影響，知道自己原本就是有罪的，所以沒有資格用石頭打那個行淫的婦人。

基督徒相信人有原罪，就是有罪性。由於罪性，人每天都在不知不覺中犯了罪，基督徒受洗就是要洗去自己的罪，沒有罪的人才能被神接納，才能得救，所以人們常常把受洗和得救混為一談。

有人也許要問到底基督徒的得救是什麼意思？大致說來，得救有兩層意義。一是人還活在世上時，得救就是除去身上的罪，當罪都除掉，人成為無罪之人，《聖經》裡稱為「聖潔」，人成為聖潔才會被神接納，神會給予庇護和平安。得救的另一層意義是死後得以進入天國，得到永生。這兩層的意義都表示得救是十分美好的，每個人都會盼望得救。

人人都盼望得救，於是在教會裡流傳一句話：「一次得救，永遠得救。」也就是說一個人只要受洗，那是一次得救，他便永遠得救了，他就永遠脫離了罪，他就永遠得到神的賜福，他就手握上天堂的門票了。

但是，其實細讀《聖經》，其中並沒有「一次得救，永遠得救」的話語。在整本《聖經》中，「得救」這個詞最早是出現在〈詩篇〉，在先知書如〈以賽亞書〉、〈耶利米書〉、〈何西阿書〉、〈約珥書〉中也出現過，但出現次數最多的是在《新約》中，四福音中都曾提到得救，在〈使徒行傳〉和〈保羅書信〉中也都大談得救，〈使徒行傳〉有七次提到得救，短短的〈羅馬書〉就有九次談到得救，〈哥林多前書〉有五次，〈哥林多後書〉有兩次，〈以弗所書〉有兩次，〈腓立比書〉有兩次，〈帖撒羅尼迦前書〉有三次，〈帖撒羅尼迦後書〉有一次，〈提摩太前書〉有兩次，〈提摩太後書〉有一次，〈希伯來書〉有三次，〈彼得前書〉有兩次，〈彼得後書〉有一次。

有這麼多次提到得救，卻從未出現過「一次得救，永遠得救」的話語。至於「一次得救，永遠得救」是誰先說出來的？現在已經很難追查了，不過在神學領域中有加爾文派和亞米念派。加爾文派的學者相信「一次得救，永遠得救」的說法，而亞米念派的學者則否。我們姑且不去追究神學家對「一次得救，永遠得救」說法的爭論，我們只從《聖經》本身的記述，來看一次得救是否就能永遠得救。

我們舉《聖經》中兩個人物作為例子，一個是所羅門王，一個是耶穌的門徒卻出賣耶穌的猶大。

先談所羅門王，所羅門是大衛王的兒子，所羅門做以色列王，《聖經》裡記載上帝耶和華告訴所羅門說，要賜給所羅門聰明智慧以及富足、尊榮，「使你在世的日子，列王中沒有一個能比你的。」可見上帝耶和華是多麼恩寵所羅門，所羅門也盡心盡力愛上帝耶和華，還特別在耶路撒冷建築聖殿，用了七年時間，耗費大量金錢，建成了聖殿，並為以色列人民祝福。所羅門王宣稱：「使地上的萬民都知道唯獨耶和華是神，並無別神。」

聖殿建成後，上帝耶和華第二次向所羅門顯現，允諾要堅固所羅門的王位。可見這時上帝耶和華是向所羅門施恩的，所羅門得救是極為明顯的事。所羅門在以色列做王四十年，但所羅門晚年十分好色，有妃嬪一千人，尤其寵愛許多外邦女子，其中有摩押女子、亞捫女子、以東女子、西頓女子、赫人女子。由於這些外族妃嬪的誘惑，所羅門去祭拜西頓人的女神亞斯他錄、亞捫人的神米勒公、摩押人的神基抹、亞捫人的神摩洛。所羅門的行為違反了上帝耶和華頒布的十誡中的第一條誡命：「除了我以外，你不可有別的神。」

當以色列人還在曠野漂流，尚未渡過約旦河之前，上帝耶和華便要摩西告訴以色列人，在渡過約旦河以後進入迦南地，要把迦南人滅盡。後來約書亞率領以色列人攻進迦南地，顯然沒有執行摩西的命令，許多迦南的人民仍然存活著，所羅門更娶那些迦南女子為妃嬪，這明明是違反摩西的遺訓，對所羅門的這些作為，上帝耶和華怎能不發怒。不久，所羅門死了，以色列分裂為南國和北國，國勢日趨衰微，終於雙雙被外國滅亡。我們要問的是：「所羅門最後能得救嗎？他死後能進天堂嗎？」我們不知道上帝對所羅門的審判結果，但根據《聖經》指示、上帝的原則來看，所羅門最終恐怕是無法得救的。

我們再談猶大，猶大是加略人，是耶穌親自揀選的十二個門徒之一，猶大既被耶穌選上，又受了洗，毫無疑問應該是得救了，猶大追隨耶穌三年多，又奉耶穌之命出去傳道、趕鬼、行異能。然而，猶大竟收了大祭司的三十塊錢出賣了耶穌，猶大的行為毫無疑問是有罪的，耶穌曾對十二個門徒說：「我不是揀選了你們十二個門徒嗎，但你們中間有一個是魔鬼。」〈約翰福音〉明白說耶穌所說的魔鬼，指的就是加略人猶大。在耶穌和門徒最後的晚餐時，耶穌責備猶大說：「賣人子的人有禍了，那人不生在世上倒好。」可見耶穌在上十字架之前已經指猶大是魔鬼，而且說猶大是有禍了，不生在世上倒好，這明明是判決猶大有罪，有罪的猶大能得救上天堂嗎？答案當然是不能。

從所羅門王和猶大兩個例子來看，一個人曾經得救，最後未必得救。所以「一次得救，永遠得救」的說法是不能成立的。

基督徒受洗是一種宣示的舉動，表示神已經赦免了他曾犯過的罪，這是一次得救，但並不保證最後必然得救，因為在人生的道路上有許多絆腳石和陷阱，會讓人跌倒，像是自己的罪性造成軟弱，像是魔鬼撒但的誘惑，都會讓人在被神洗淨後再度染上罪惡。

得救是一種持續性的過程，需要人不斷努力去爭取得救，爭取得救的方法就是走在上帝的道路，不要偏離神的大道。得救只是過程，就像小孩子掉到河裡快要淹死了，有人把他救起來，救這個小孩活過來只是過程，更重要的是讓小孩健康快樂地長大。所以得救只是過程，最終的目標是得到神的祝福和進天堂。

有人會把受洗和得救連在一起，我們可以說一個比喻。好像一個人在運動會之前取得了參加一萬公尺賽跑的資格，運動會開始，他站在跑道起點，槍聲一響，每個選手都起步向前跑，跑了五千公尺，他一直都是跑在最前頭。不料到六千公尺時，他的腳嚴重抽筋，痛得他倒在地上爬不起來，救護人員用擔架把他抬出場，最後的結果是他無法完賽，當然也就失去了獎牌。受洗得救就像選手站在跑道起點，開始向前奔跑，但他能否到達終點，就要靠選手不斷努力，能跑到終點，才能得到獎賞，才能獲得神的祝福和進入天堂。

不要認為受洗就是得救，受洗是把人放在神的跑道上，目標是在遠處的光環，那個光環包含神的祝福和天堂的美景，從起跑點向前跑，要跑在上帝的道路上，才能得到獎賞，這不斷的跑步就是得救，所以得救需要不斷努力，天天堅持。所以，基督徒受洗是一次得救，但要永遠得救，仍要穩穩地跑在上帝的道路上。

26 《聖經》裡的「救贖」是什麼意思？

《舊約》中上帝救贖的對象限以色列人，最著名的是〈出埃及記〉，但拯救的是肉體與身分。而在《新約》中上帝要救贖的是人類的心靈。

有一位朋友問我：「牧師講道時常提到救贖，救贖是什麼意思呀？」

的確，《聖經》裡常提到「救贖」兩個字，這「救贖」兩個字在《聖經》裡共出現了五十四次之多，是常見的名詞。「救贖」是什麼意思？這並不難懂，救贖就是拯救贖回的意思。一個小男孩在馬路上被壞人擄走、綁架了，綁匪打電話給他的父母，要求拿一百萬塊錢來，否則就要把小男孩殺掉。小男孩的父母心急如焚，趕快去籌錢，然後把一百萬元交給綁匪，小男孩終於被釋放了，小男孩的父母用錢把小男孩贖回，救了小男孩一命，這就是救贖。

《聖經》裡救贖的意思，和上面所說的小男孩的故事一樣，意思就是把人從死亡的危險中拯救出來。

「救贖」一詞最早出現在〈創世記〉第四十八章十六節，記載雅各給約瑟和約瑟的兩個兒子祝福：「願我祖亞伯拉罕和我父以撒所事奉的神，就是一生牧養我直到今日的神，救贖我脫離一切患難的那使者，賜福與這兩個童子。」雅各所說的救贖，就是指當年雅各和子孫還住在迦南地時，迦南鬧饑荒，雅各命十個兒子到埃及去買糧食，沒想到雅各的第十一個兒子約瑟在埃及當了宰相，約瑟請埃及王法老收容他的父親和弟兄，法老應允了，把歌珊地賜給雅各一家七十幾人居住，於是雅各和家人便在埃及定居下來，過著富足安定的生活，脫離了在迦南地那種不穩定的日子。雅各在臨終之際，回想自己一生都在飄泊流離之中，隨時會遭遇危險，到了晚年，進入埃及，才總算脫離危險，得到平安。這個結果是神在引導、拯救，雅各稱這是神對他的救贖，救他脫離困境，救他脫離死亡。

在《舊約》中「救贖」一詞常常出現，意思都是指上帝把人從苦難危險中拯救出來，不過，《舊約》中上帝救贖的對象限以色列人。

從《舊約》記載以色列民族發展史來看，上帝對以色列人有多次重大救贖，最大的救贖是引導以色列人出埃及。自從雅各帶領七十幾個家人進入埃及，在約瑟的庇護之下，雅各的家族在埃及歌珊地安居樂業，家族人口迅速繁衍，經過四百多年，竟然增加到兩百多萬人，雅各又名以色列，所以這兩百多萬人便稱為以色列人。

這四百多年間，埃及的政局不斷發生變化，新的統治者也不斷更換，四百年後的埃及統治者法老王，根本不知道四百年前的約瑟，對待以色列人失去了寬厚和包容的心態，漸漸地，以色列人由自由民變成了埃及法老王的奴隸。

埃及統治者對以色列奴隸十分嚴苛，天天壓榨他們的勞力。雖然以色列人仍然像他們的祖先雅各那樣，住在歌珊，可以自己種植米麥蔬果，可以畜養少量的牛羊，但他們要為埃及法老王做苦工，像修築宮殿、建造金字塔，都投入了大量以色列奴工。做這些沉重的工作不但沒有工資，還要經常挨埃及監工的鞭打，以色列人在埃及，生命完全沒有保障。長時間下來，這些以色列人實在受不了，卻又沒有能力反抗，因為反抗的下場就是被殺。於是，以色列人只能在晚上向他們的祖先亞伯拉罕、以撒、雅各的神祈禱，那時他們還不知道他們祖先的神叫耶和華，他們只知道有一位他們祖先的神，他們天天向這位神祈求，祈求神幫助他們脫離天天受折磨、天天受壓榨的日子。

長期的祈禱是有效的，上帝耶和華聽到以色列人的呼求，便差遣摩西去向埃及法老王請求釋放以色列人。法老王當然不答應摩西的請求，兩百萬免費的奴工，豈能放手，於是上帝耶和華在埃及降下十次災禍，包括河水變成血水、蝗蟲之災、青蛙之災等等，每次災禍都讓埃及法老王心驚肉跳，答應摩西釋放以色列人，然而等災禍停止，法老王卻後悔了，自食其言，仍然不肯給以色列人自由，直到上帝耶和華降下第十次災禍。那是極為可怕、極為可悲的災禍，即殺長子之災，使埃及從法老王開始，每一個家庭的長子都同一天死亡，造成埃及人家家戶戶痛哭，這個災禍太沉重，法老王承受不起，只好放人。於是摩西帶領兩百多萬以色列人，離開居住了四百多年的埃及，也脫下了奴隸身分，得到自由之身。這是上帝耶和華對以色列人的第一次大救贖。

摩西帶領以色列人走過紅海，到了曠野，這曠野盡是泥沙石頭，廣闊而荒涼，沒有花草樹木，沒有河谷流水，實在不是一個適宜人居住的地方，最嚴重的問題是找不到食物和飲水。缺乏食物和飲水，人是活不下去的，兩百多萬人不是一個小數目，每天要用多少食物和水，摩西完全沒有辦法解決，難道得到了自由之身，卻要變成曠野中的餓死鬼嗎？摩西只有禱告上帝耶和華，請耶和華來拯救這個民族。

上帝耶和華當然知道曠野裡沒食物沒水，祂要繼續做救贖兩百多萬以色列人的工作，於是施展祂的大能，讓石頭縫中冒出水來，並且每天降下嗎哪作為兩百多萬人的食物。當以色列人拿到嗎哪都驚奇得不得了，他們從來沒有見過這種東西，叫不出名字，只好說「嗎哪」，嗎哪在希伯來話裡的意思是「這是什麼」。以色列人在曠野遊走四十年，天天吃天降的嗎哪，靠著天降的食物，以色列民族存活了下來，這又是上帝耶和華對以色列人的大救贖。

以色列人在曠野飄泊了四十年後，上帝命約書亞率領以色列人走過約旦河，進入迦南地，要以色列人占領迦南。當時的迦南，就是今天的以色列國和巴勒斯坦地區，有好幾個民族居住，那些迦南人的文化水準比以色列人高，以色列人如何能打敗他們？於是上帝耶和華伸出拯救之手，讓以色列人轉危為安，我們可以舉《聖經》中四個故事為例：

第一個救贖的例子：當以色列人進入迦南，迦南地區有米甸人，勢力強大。以色列人在迦南便受到當地原住民習俗的感染，禁不住物慾的誘惑，甚至去拜迦南當地的神，使上帝耶和華不高興，便不理會以色列人。在迦南，有一個民族叫米甸，米甸人上來攻打以色列人，控制了以色列人長達七年之久，以色列人只好躲到山中，挖洞挖坑躲藏，以色列人每年播種之時，米甸人就會來騷擾，破壞生產作物，搶走牛羊，讓以色列人痛苦不堪。

當時以色列人沒有王，沒有人可以領導以色列人，以色列人便哀求耶和華拯救，耶和華便選擇一個叫基甸的人出來作為領袖，基甸號召了三萬多個以色列人。耶和華對基甸說，我只要三百人，其餘的都打發他們回家去吧。基甸十分懷疑，米甸和其他迦南人在平原紮營，人數多得不可計數，三百人要怎麼對付那麼多敵人？耶和華告訴基甸，是我在拯救你們，如果三萬多人都去，恐怕你們會以為是靠自己的力量打敗敵人。

於是耶和華命基甸帶著三百人，手裡拿著角和空瓶子，瓶內藏著火把，在三更半夜，三百人分散在米甸軍營四周，同時吹角，打破空瓶，點起火把，並叫喚著：「耶和華和基甸的刀。」其實以色列人這時還不會鑄鐵，所以還沒有普遍使用刀劍，這三百人根本沒有帶刀，他們只是吶喊。米甸和其他迦南人在帳篷裡沉睡，忽然聽到吶喊聲、吹角聲，黑暗中看到有一閃一閃的火光，在睡眼朦朧中，以為是以色列人引領埃及士兵攻進來了，連忙慌張拿起刀，衝出帳幕，在一片漆黑中，只感覺到有人晃著刀，分不清是敵是友，便舉刀砍過去，於是米甸營中的人互相砍殺，許多沒死的人奔出營外，朝約旦河逃走。等到天亮，發現米甸軍營到處都是死屍，其餘的米甸人都跑光了，以色列人用上帝的刀獲得全勝，使以色列解除了米甸的威脅。

第二個救贖的例子，發生在掃羅王在位時，當時非利士人勢力強大，想要消滅以色列人，有一天，非利士和以色列兩軍對峙，非利士營中出來一個巨人名叫歌利亞，向以色列人挑戰，掃羅和以色列人都極為害怕，沒有人敢出去應戰，這時大衛挺身而出，他沒有帶刀，只拿了五塊光滑的石子。歌利亞看不起這個少年人，加以咒罵，大衛說：「你來攻擊我是靠著刀槍和銅戟，我來攻擊你是靠著萬軍之耶和華的名。」兩人正面對立，大衛掏出一塊石子，用機弦向對方甩去，打中歌利亞的額頭，石子陷入額頭內，歌利亞便倒地而死，非利士人見歌利亞死了，便轉身逃跑，以色列人獲得勝利。這是一場奇特的戰爭，一個手無寸鐵的少年人，竟然只靠一塊小石子，就打倒了身披鎧甲的巨人，這絕對不是一個少年人能做到的事，這是上帝在做的事。

第三個救贖的例子，是記載在〈列王紀下〉第六章二十四節至第七章十五節中的一段歷史，以色列國分裂成南北兩國，北國仍稱以色列國，有一年，亞蘭王便哈達領兵圍困以色列國都撒瑪利亞，撒瑪利亞城內鬧飢荒，因為沒有食物而出現吃人的現象。在城門外，有四個長大痲瘋的人彼此商議說：「我們若進城去，城裡沒有食物，我們必死，如果坐在這裡也是等死，我們不如去投降亞蘭人，或許還能活下去。」到了黃昏時候，他們便到亞蘭軍營去，很驚奇地發現亞蘭營空無一人。

原來亞蘭人聽到嘈雜的車馬聲，以為是以色列人向赫人和埃及人求來救兵，趁黃昏時來攻擊他們，因而驚惶失措，趕快逃跑，連帳篷、馬驢都來不及帶走。這四個長大痲瘋的人在營中大吃大喝，又拿了許多金銀衣物，然後連夜進城告訴以色列人，以色列人不但解除了被圍困的危險，又得到大量糧食。亞蘭人聽到嘈雜的兵馬聲，根據《聖經》的記載，那不是真的，是上帝做出來的，為了要救贖以色列人。

第四個救贖的例子，是以色列人被擄歸回，西元前五八六年，巴比倫王尼布甲尼撒的軍隊攻陷耶路撒冷，猶大國滅亡，大量以色列人被俘虜到巴比倫帝國境內，過了五十年的俘虜生活，到西元前五三九年，波斯王古列受耶和華的激勵，下令讓以色列人回返耶路撒冷，重建聖殿，這是又一次上帝對以色列人的救贖。

在《舊約》裡記載上帝對以色列人的救贖是十分明顯的，這些救贖有兩個特點，一是針對以色列人集體的施恩，二是救贖的內容是身體或身分。拯救以色列人身體的自由和奴隸身分的解除。到了耶穌降生時，以色列民族的情勢已經改變，以色列亡國了，以色列人分散了，雖然巴勒斯坦仍是以色列人聚集的地方，但以色列人早就散開到小亞細亞、歐洲、北非等地，他們是受羅馬帝國統治，但不是奴隸。所以在《新約》中沒有集體救贖，而是講個人的救贖，而且內容不是要解救身體的自由和身分的自由。《新約》裡的救贖是在說上帝要拯救人類的心靈，耶穌用自己的生命作為贖價來拯救世人，要世人離開罪惡，回到上帝的道上。

在《舊約》時代，上帝要救贖的是人的肉體，要把以色列人身體所受到的危險和壓迫解除。到《新約》時代，上帝的救贖轉到心靈，而對象不限以色列人，擴及全世界，要世人脫離罪惡的大海，讓心靈洗除污穢，回歸聖潔純良。一旦心靈完全潔淨，這個人便會走在上帝的道上，這個人就會與神同行，肉體的任何束縛就都解除了。

總而言之，救贖是神對世人的施恩，但人要接住上帝所施的恩。就像有人落入急流中快要淹死，岸上有人丟來一條繩子，溺水的人要抓住這條繩子，才有被救上岸的機會，如果不抓住繩子，便只好隨水漂流，最後淹死。救贖是神的恩典，抓住恩典，才能重生，獲得真正的幸福。

27 《聖經》裡的「義人」是什麼意思？

中國傳統思想和《聖經》都重「義」，中國人講「義」是從個人的觀點出發，《聖經》是從神的觀點出發，義是「走在神的道上」，義人是「走在神的道上之人」。

在《聖經》裡常看到「義人」兩個字，譬如說上帝指挪亞是個義人，又譬如說上帝要毀滅所多瑪、蛾摩拉兩座城，亞伯拉罕來到上帝耶和華面前，對神說：「假若那城裡有五十個義人，你還剿滅那地方嗎？不為城裡這五十個義人，饒恕其中的人嗎？」上帝說：「我若在所多瑪城裡見有五十個義人，我就為他們的緣故饒恕那地方的眾人。」亞伯拉罕說：「假若這五十個義人短了五個，你就因為短了五個毀滅全城嗎？」上帝說：「我在那裡若見有四十五個，也不毀滅那城。」亞伯拉罕又說：「假若在那裡見有四十個怎麼樣呢？」上帝說：「為這四十個的緣故我也不做這事。」亞伯拉罕又說：「假若在那裡見有三十個怎麼樣呢？」上帝說：「若見有三十個我也不做這事。」亞伯拉罕又說：「若在那裡見有二十個怎麼樣呢？」上帝說：「為這二十個的緣故我也不毀滅那城。」亞伯拉罕又說：「假如有十個呢？」上帝說：「為這十個的緣故我也不毀滅那城。」結果所多瑪城裡連十個義人都沒有，上帝便降下天火，毀滅了所多瑪和蛾摩拉。

上面所舉挪亞和所多瑪兩個《聖經》裡的故事，可以看出來上帝是極為重視義人的，什麼是義人？是不是有義氣的人？這是讀《聖經》的人不能不了解的。

談到義人要先講一下「義」這個字，《聖經》裡經常會提到義，尤其是在《舊約》的〈約伯記〉和《新約》的〈羅馬書〉中更是大量提及。

《聖經》裡的「義」，是不是和中國人觀念中的「義」相同呢？我們先看中國人對「義」的看法，在《中庸》裡說：「義者，宜也。」韓愈在〈原道〉一文中說：「行而宜之之謂義。」《孟子》書中也說：「義，人之正路也。」總括來說，義字有兩個涵義，一是宜也，就是合宜的行為，二是正也，就是正正當當的行為。

所以義是道德的表現，中國人非常重視義，在四維八德中可以充分體現出來，四維八德是中國人極為重視的道德項目，四維是禮義廉恥，八德是忠孝仁愛信義和平，在四維和八德中出現一個共同有的字，那就是「義」，可見「義」是十分重要的，為什麼呢？因為義是一種行為，一種符合道德標準的行為，各項道德如忠、孝、愛人、守信、守節、慈悲等等，都要用行為表現出來，沒有行為的道德只是紙上談兵，空喊口號而已，把道德規範用行為表現出來，這就是義，所以義是極為重要的，幾乎和每一個道德項目都相關聯，所以四維也好，八德也好，都包含了義。

義既然是合於道德的行為，中國人便十分重義，然而，道德標準是會變動的，例如不同的時代背景，會產生不同的道德標準。像唐玄宗娶了楊貴妃，當時人傳為美談，唐代文人稱讚那是偉大的愛情，但如果時間換到明清，楊貴妃原是唐玄宗的兒子的妻子，唐玄宗是公公，楊貴妃是媳婦，唐玄宗逼著兒子和妻子離婚，自己再把媳婦娶來當妻子，在明清社會中，這種行為就是亂倫，不合道德規範。

道德標準會變動，最大的原因是個人主觀的看法不同，自己站在個人的角度來定義道德標準。這種情形在中國社會特別嚴重，中國社會是一個非常重「私」情的社會，對

「公」的觀念比較淡薄，於是在表現道德的行為上，往往會顯露出重私而輕公的現象。在中國古代小說中，常說到一些強盜打家劫舍的故事，會稱那些強盜是行俠仗義之人，因為他們去搶劫是反抗貪官污吏，被認為是義。如果只站在他個人的立場來看，他是被貪官污吏所害，他的反抗無可厚非，他自認為是俠義的行為。然而打家劫舍、搶奪錢財是破壞社會秩序的行為，也會傷害到無辜，就國家社會的立場而言，強盜豈可稱為義？

一九八〇年臺灣破獲了一個販毒案，一個叫阿全的年輕人在販賣毒品時被捕，當場人贓俱獲。阿全是一個販毒集團的幹部，但他被捕後只承認他自己販賣毒品，堅決不肯供出販毒集團的首腦和其他共犯，他把販毒的責任一個人擔下來，結果法院判了阿全十年有期徒刑。十年後，阿全刑滿出獄，販毒集團的首腦宴請阿全，同時邀了幾十個幹部一同參加宴會，宴會中，大家同聲稱讚阿全沒有說出首腦和幹部的名字，一人承擔全部的責任，大家都對阿全豎起大拇指說：「夠義氣！」阿全笑著說：「為朋友兩肋插刀，這是我們弟兄該做的事，這也是大哥長久以來教導我的一個字『義』。大哥對我有恩，我要報恩，這就是義。」大家拚命為阿全鼓掌，表示贊成和同意。

其實，阿全為保護販毒集團的弟兄們獨自扛下責任是義，那是阿全站在自己的立場來看，協助朋友是道德的項目，所以為朋友兩肋插刀在道德上是正面的，這種行為的確可以稱為義，但是要弄清楚的是，這個朋友本身是不是合乎道德標準？阿全的販毒集團所做的事是違反道德的，阿全幫助那些違反道德的人，算是義嗎？阿全讓這個集團繼續販毒十年，害了多少人？能算是義嗎？阿全是把私義壓倒了公義，錯誤地把義用在私領域，卻危害到公眾領域的義。

中國人把義當成極為重要的美德，所以在社會上，義被廣泛使用，可是義的性質卻變得模糊不清，義的口號被不斷濫用，縱使做了壞事，也可以自稱為義，這就形成了中國幾千年來社會上義字滿天飛，地上出現的卻多是不公不義之事，造成中國社會的畸形亂象。

現在我們回到《聖經》。《聖經》裡提到「義」的地方很多，但「義」的涵義和中國人所了解的「義」並不完全相同，在現代中譯本《聖經》中，把一部分的「義」字翻譯成「合宜的關係」，也就是說，「義」是人與神有合宜的關係。不過，合宜的關係是什麼？說法太模糊，如果沒有具體的標準，人人都可以自稱和神有合宜的關係。所以，我們還是從《聖經》經文中來了解「義」的涵義。

在整本《聖經》中，「義」字分別有下列幾個涵義：

一、**「義」是公義、正直的意思：**《舊約》〈約伯記〉第三十七章二十三節說：「論到全能者，我們不能測度，祂大有能力，有公平和大義，必不苦待人。」這裡的「義」是指上帝耶和華的公義和正直。〈以西結書〉第十八章二十一至二十二節說：「惡人若回頭離開所做的一切罪惡，謹守我一切的律例，行正直與合理的事，他必定存活，不致死亡。他所犯的一切罪過都不被記念，因所行的義，他必存活。」這段經文明白表示「行正直與合理的事」就是「義」。這種說法和中國人對義的觀念──做合於道德的事，頗為相似。

二、**「義」代表無罪：**在《聖經》中常把「義」和「罪」放在一起談論，「罪」是「義」的反面詞，《聖經》裡的罪主要是指心靈上的不潔。〈馬太福音〉第九章十三節，耶穌說：「我來本不是召義人，乃是召罪人。」可見罪和義是相反詞，耶穌不召義人，是因為義人有義，本身已是聖潔了，而罪人有罪，罪就是污穢不潔。耶穌召罪人，是要洗淨他們身上的污穢，除去他們身上的罪，耶穌不召義人，因為義人的義，表示他們已經是潔淨了，所以義有聖潔、純淨的涵義。

三、「義」是「惡」的相反詞：〈出埃及記〉第二十三章七節說：「不可殺無辜和有義的人，因我必不以惡人為義。」〈以賽亞書〉第五章二十三節說：「他們因受賄賂就稱惡人為義，將義人的義奪去。」可見惡與義是相反的用詞，義含有善良、美德的意思。

四、「義」是合於禮的事：〈馬太福音〉第三章十三至十五節，耶穌從加利利來到約旦河，見了約翰，要受他的洗，約翰想要攔住祂，便說：「我當受你的洗，你反倒上我這裡來嗎？」耶穌回答：「你暫且許我，因為我們理當這樣盡諸般的義。」這裡的「義」當作禮儀解釋，實際上，禮儀也是道德規範的一部分，守禮儀就是守道德，所以義字也有道德的涵義。

五、「義」最重要的涵義是信神：〈申命記〉第六章二十五節說：「我們若照耶和華——我們的神所吩咐的一切誡命謹守遵行，這就是我們的義了。」〈以賽亞書〉第五十八章二節：「好像行義的國民，不離棄他們神的典章。」〈羅馬書〉第三章二十六節：「稱信耶穌的人為義。」在《聖經》裡常把信神和稱義連在一起，「因信稱義」是

《新約》中常出現的詞句，信神就等於義。〈約翰一書〉第三章十節：「凡不行義的就不屬神。」在基督信仰中，信神就是義的表現。

以上談到《聖經》對「義」的解釋，「義」的涵義有公義、正直的意思，有無罪、聖潔的意思，有善良的意思，有合於禮的意思，有信神的意思。以上五個涵義總括而言，就是「走在神的道上」。

在〈羅馬書〉中，使徒保羅反覆提到「因信稱義」，說亞伯拉罕是因信稱義，中國人對這話不容易理解，如果把這話說成「亞伯拉罕因為信神，所以就算他是走在神的道上。」這樣就懂了。

了解《聖經》裡「義」的意義，就知道「義人」是指什麼了，《聖經》裡的「義人」是指「走在上帝的道上的人」。在摩西之前，上帝並沒有明顯地顯現給世人看，摩西以前的人並不能明確地知道上帝耶和華，他們只知道有個神，但這神的名字、屬性他們都不清楚。但不論人民知道或是不知道上帝耶和華的名字和屬性，上帝的道存在這個世界上是一個事實，像挪亞被上帝稱為「義人」，是挪亞的行為表現走在上帝的道上。

像所多瑪城裡沒有義人，這義人不是指信上帝的人，更不是指基督徒，而是指行為合於上帝標準，也就是走在上帝的道上的人。

總而言之，中國傳統思想和《聖經》都十分重視「義」，但對「義」的解釋是有差別的，中國人講「義」是從個人觀點出發，於是各說各話，甲說某事是義，乙則說是不義，造成混淆不清，甚至有人打著「義」的旗號，實際上在做損人利己的事。《聖經》裡的「義」是從神的觀點出發，有客觀的標準，不能由個人論斷，所以「義」和「不義」是有明顯、清楚的分別，上帝希望人人都變成義人，就是希望人人都走在上帝的道上。

28
《聖經》裡要求基督徒要順服，這樣不是不能有自己的想法嗎？

對順服要懂得思考與取捨，所以，對神，遵從神的旨意而行；對人，不做違背倫理的舉動；對自己，要謙卑；對事要分辨，凡是不合於神的道的事，不能去做。

有一個朋友對我說：「我最近去教會聽牧師講道，牧師講基督徒要順服——要順服神，順服父母，順服丈夫，順服掌權者，順服長官，順服老闆，順服環境，甚至牧師還說要順服神在我們周圍所安排的人，讓我覺得基督徒活在世上凡事都要順服別人，自己不要有個性，有好惡，有原則，有價值標準，完全放棄自己，順從別人，難道牧師要基督徒變成一個沒有骨頭的軟體動物嗎？」

這位朋友的話讓我心中起了一陣翻騰。不錯，我也常聽牧師講順服，只是沒有把基督徒和軟體動物聯想在一起，那麼順服到底是什麼意思？基督徒要順服是正確的嗎？《聖經》裡是怎樣教導順服的？值得好好想一想。

細讀和合本中文《聖經》，在《舊約》裡沒有出現「順服」兩個字，只用「順從」這個詞，「順從」的英文是 follow，是追隨、跟隨的意思，並且順從的對象一定是上帝耶和華或神的律例典章。「順服」一詞，是在使徒保羅的書信和使徒彼得的書信中才大量出現，「順服」的英文 obey，有降服和心悅誠服的意思。

其實，順從和順服是相似詞，兩者差別不大，大家都很容易了解順服就是絕對服從，百分之百服從，無條件地服從。只是《新約》中順服的對象不僅是神，還包含了人，譬如〈羅馬書〉第十三章一節，保羅說：「在上有權柄的，人人都當順服祂。」〈以弗所書〉第五章二十二節，保羅說：「妳們做妻子的，當順服自己的丈夫。」〈哥羅西書〉第三章十八節，保羅又說：「妳們做妻子的，當順服自己的丈夫。」〈提多書〉第二章九節，保羅說：「勸僕人要順服自己的主人，凡事討他的喜歡，不可頂撞他。」〈彼得前書〉第二章十三節，彼得說：「要順服人的一切制度，或是在上的君王，或是君王所派罰惡賞善的臣宰。」〈彼得前書〉第二章十八節，彼得說：「你們做僕人的，凡事要存敬畏的心順服主人，不但順服那善良溫和的，就是那乖僻的也要順服。」〈彼得前書〉第三章一節，彼得說：「你們做妻子的要順服自己的丈夫。」第五章五節，彼得說：「你們年幼的也要順服年長的，就是你們眾人，也都要以謙卑束腰，彼此順服。」

《聖經》裡要人順服神，這是毫無疑問的，是理所當然的，但使徒保羅和彼得要人順服人，就實際的人生經驗來看，卻有斟酌的必要。《聖經》裡許多人物的言行是順服神，卻未必順服人，譬如約瑟在埃及法老王的護衛長波提乏的家裡做奴隸，波提乏派約瑟管理家中一切事務，波提乏的妻子也就是約瑟的女主人，對約瑟以目傳情，要約瑟和她同寢，約瑟不肯，逃走了，被他的女主人誣告而下獄。約瑟的行為明明是不順服主人，《聖經》卻大加讚許。

〈撒母耳記上〉第二十五章記載了亞比該的故事。亞比該是拿八的妻子，當時大衛還沒有成為以色列王，大衛差遣僕人向拿八要求餽贈，拿八不肯給大衛禮物，大衛便帶了四百人準備去殺拿八，於是亞比該瞞著丈夫，帶著兩百個餅、兩皮袋酒、五隻羊、一百個葡萄餅、兩百個無花果餅，和僕人一同去見大衛，大衛十分高興，就不去殺拿八了。過了十天，拿八死了，大衛就娶亞比該為妻。在這個故事裡，亞比該是沒有順服丈夫的，這種不順服是對還是錯呢？但《聖經》顯然沒有責備亞比該。

使徒保羅一再強調「順服」，還說：「在上有權柄的，人人當順服他。」（〈羅馬書〉第十三章一節）但保羅自己就曾經有不順服的行為。〈使徒行傳〉中記載保羅在耶路撒冷被猶太人圍毆，羅馬的千夫長率領士兵保護保羅，將保羅連夜押解到該撒利亞去。猶太祭司和猶太人的首領向羅馬巡撫非斯都控告保羅，要求非斯都將保羅押解到耶路撒冷去審問，非斯都問保羅要不要到耶路撒冷去接受審判，保羅知道回耶路撒冷會遭遇危險，就表示不願意去，並使用釜底抽薪的辦法，說他要上告羅馬皇帝，願意去羅馬而不去耶路撒冷。當時祭司長是猶太人的首領，保羅的抗命雖然十分聰明，但卻違反了他自己講的「順服。」

除了上面講的《聖經》人物不順服的事例外，在歷史上基督徒最不順服的事，恐怕是馬丁路德了。馬丁路德是德國偉大的宗教改革家，馬丁路德於一四八三年生於德國埃斯勒本（Esleben），在耳弗特大學（University of Erfurt）攻讀法律。一五〇五年他加入奧古斯丁隱修會做了修士，一五〇七年受封聖職，成為神職人員，專心研習神學，一五一二年獲得神學博士學位，在威丁堡大學擔任《聖經》教授。

這時候基督教在歐洲氣勢鼎盛，羅馬教宗的權勢超越歐洲各國的君主和貴族，各國君主、貴族和人民無不聽命於羅馬教宗。

這裡我們要簡單地回溯一下基督教的發展歷史。西元三一二年羅馬帝國皇帝康士坦丁接受基督教洗禮，成為羅馬皇帝中第一個基督徒，基督教原本受到羅馬帝國政權的壓迫，一下子變成受到羅馬帝國政權擁護的宗教。皇帝給基督教神職人員許多豁免權，並給教會大量財物，後來羅馬帝國宣布以基督教為國教，基督教迅速傳遍全歐洲，所有的歐洲人包括各國國王、貴族和人民都成了基督徒。這時基督教的領袖羅馬教宗（或稱羅馬教皇）成為全歐洲最有權勢的人，從羅馬皇帝、歐洲各國國王以下，無人不聽命於羅馬教宗，羅馬教宗擁有無限的權力，卻沒有任何可以節制的力量，於是必然趨向於腐化，教廷的神職人員生活奢靡，追求物質享受，道德墮落。

十四世紀中，羅馬教廷宣布出售贖罪券，由於基督教認為人都會犯罪，有罪的人死後不能進天堂，要下地獄受苦，有罪的人如果買了教廷發行的贖罪券，就可以不被打入地獄而進入天堂，活人不但可以為自己買贖罪券，還可以為已死的親人、朋友買贖罪券，讓那些已死的人脫離地獄。有一位教皇竟然公開說：「我可以關掉地獄的門，打開樂園的門。」實在是狂妄得不得了，卻沒有人敢反駁他。贖罪券為羅馬教廷和各地教會帶來大量錢財，神職人員很容易地便陷入追求物慾之中。一五一七年三月利奧十世當上了教宗，當他坐上教宗寶座時竟得意地說：「我們已經取得教廷，所願得償，就讓我們來享受享受吧！」利奧十世的話，和買彩券中頭獎成為億萬富翁的暴發戶，有什麼差別！實在令人心寒！就在這一年的十月，基督教世界爆發了翻天覆地的大事件。

一五一七年十月三十一日，德國威丁堡大學教堂的大門上出現了一張告示，那是威丁堡大學《聖經》教授馬丁路德所寫的九十五條意見書，這九十五條意見書主要是反對贖罪券的販賣，馬丁路德認為《聖經》裡沒有販賣贖罪券的教導，馬丁路德用許多神學理論來反對販賣贖罪券，他完全用討論問題的態度來表達意見，語氣和緩，不偏離《聖經》，也不是要打倒教宗和教廷。馬丁路德的九十五條論述立刻轟動全歐洲，經過兩個星期，全歐洲各大學和宗教中心都在熱烈討論。馬丁路德的言論大大刺痛了教宗，一五二〇年教宗下令要馬丁路德收回九十五條論述，馬丁路德不肯，一五二一年羅馬皇帝查理五世宣布馬丁路德是羅馬帝國罪犯，羅馬教宗也下令革除馬丁路德的教籍，也就是把他驅逐出基督教教會。

然而歐洲各國許多知識分子都贊成馬丁路德的主張，深深覺得羅馬教廷必須改革，於是出現了許多新教會。這些新教會不服從羅馬教廷和教宗的指揮，是獨立自主的基督教教會，人們為了區別隸屬羅馬教廷的教會和獨立自主的教會，便稱隸屬羅馬教廷的教會為天主教，獨立自主的教會叫更正教，後來更正教被稱為基督教，這就是今天傳揚全世界的基督教。馬丁路德的一次不順服竟影響到基督教歷史的發展。

以上所舉約瑟、亞比該、使徒保羅和馬丁路德的故事，其不順服的對象都是人，可見要基督徒順服人是不容易的事。

在一個教會的小組聚會時，一位姓李的姊妹不斷哭泣，大家都去安慰她。她剛受洗一個星期，大家都知道她的丈夫是個建築工人，脾氣暴躁又酗酒，酒後就會打人，這位李姊妹常被丈夫拳打腳踢，痛苦不堪，她哭著對大家說：「你們不都勸我要順服丈夫嗎？我接受大家的意見，昨天晚上他回家，我替他泡了一杯茶，替他放好洗澡水，又燒了幾個他愛吃的菜，並準備了一瓶酒，對他說話也很溫柔。他吃完飯、喝完酒，忽然對我叫起來：『妳今天為什麼對我好起來，莫不是妳在外面做了壞事，心裡有鬼？』我連忙否認，他隨即揮過來一拳，打得我鼻血直流，接著他又用腳踢我，我痛得大叫，隔壁張媽媽聽見，過來勸阻，才止住我丈夫的拳腳。你們幫我想想，我該怎麼辦呢？」

這時，另外一位姓陳的姊妹說：「我也有問題，我結婚半年，和公公、婆婆同住，公公、婆婆是信道教的，婆婆說今天一個神仙生日，於是燒了幾個菜要拜拜，要我也拿香磕頭下拜，我不願意，公公、婆婆和丈夫都罵我，讓我不得不順服他們，這種拜拜以後還經常會有，我該不該順服他們呢？」

小組會裡這兩個姊妹的遭遇是社會上常見到的事例，反映出一個問題——順服人是正確的嗎？

其實，在《舊約》中並沒有要求順服人。只有順服神，《新約》四福音中，耶穌也沒有說要順服人，彼得和約翰也說要順服神而不是順服人，在〈使徒行傳〉第四章記載了使徒對百姓傳福音，祭司們拿住他們，第二天官府、大祭司亞那和長老們一同審問，無法定使徒有罪，只好禁止使徒再奉耶穌的名講道，使徒彼得和約翰說：「聽從你們不聽從神，這在神面前合理不合理？你們自己酌量吧！我們所看見、所聽見的，不能不說。」〈使徒行傳〉第五章二十九節，彼得說：「順從神，不順從人，是應當的。」彼得、約翰的這段話明白地點出來——基督徒要順服神而不是順服人。

也許有人又會懷疑既然如此，保羅和彼得為何在書信裡又要求順服有權的人？要求妻子順服丈夫呢？

我們要知道寫信所講的和時間、環境有關，譬如〈哥林多前書〉第十一章四至六節，保羅說：「凡女人禱告或是講道若不蒙著頭，就羞辱自己的頭。」又說：「女人若不蒙著頭，就該剪了頭髮，女人若以剪髮剃髮為羞愧，就該蒙著頭。」〈哥林多前書〉第十四章三十四至三十六節，保羅又說：「婦女在會中要閉口不言，像在聖徒的眾教會一樣，因為不准她們說話，她們總要順服，正如律法所說的。她們若要學什麼，可以在家裡問自己的丈夫，因為婦女在會中說話原是可恥的。神的道理豈是從妳們出來嗎？」

從保羅的話裡，反映當時的社會認知，第一、婦女地位低落，並非男女平等；第二、婦女沒有生活自主權；第三、婦女學識不如男人。這三種社會認知今天已都不存在，所以保羅的這些話只是就當時的環境所說的。同樣地，保羅說要服從有權位的人，是因為當時基督徒正處於內憂外患之中，內憂是猶太人的排擠，外患是羅馬帝國政權的壓迫，基督徒不能用武力反抗，於是保羅要基督徒忍耐，用順服來自我保護。所以，保羅要基督徒對有權位的人要順服，妻子對丈夫要順服，前提是丈夫要在基督裡。

總之，基督徒的神，對人不能統統全面用順服的態度，是要有所分別的，我個人的體會是：

對神，要順服，遵從神的旨意而行。

對人，要尊重，不做違背倫理的舉動。

對自己，要謙卑，不要自傲自大，固執己見。

對事要分辨，凡是不合於神的道的事，不能去做。

基督徒對神、對人、對事都要順服，這是不合神的旨意的，要基督徒對神、人、事都順服，便是把順服當作偶像，難道基督教要打倒有形的偶像，卻又豎立起一個態度上的偶像嗎？

29 《聖經》裡的「士師」是什麼人？

以色列人在迦南地時期非常混亂，當受到苦難時，就禱告上帝拯救，因當時以色列人沒有領導者，上帝便興起士師來帶領他們。

在《舊約》中有一卷書名叫〈士師記〉，士師是什麼？在中國古代就有士師一詞，那是周代的官名，掌管法律訴訟和監獄之事。《舊約》中的士師是希伯來文，士師的意思是當以色列人受到鄰近外族欺壓的時候，由上帝耶和華興起選設一位拯救者，如軍事領袖、元帥，平時也擔任訴訟、審判的工作，但訴訟和審判的事例並不多見。

〈士師記〉起始於約書亞死後，結束於撒母耳擔任祭司時，時間多長有不同的說法，一般學者多認為士師時代經歷了三百多年。為什麼在這段時間內要設立士師？這要從歷史背景談起。

摩西死後，約書亞帶領以色列十二支派的人走過約旦河，約旦河以西便是迦南地，約書亞為支派分配了在迦南地應得之地，這些地都有原住民居住，上帝吩咐約書亞，以色列人占領迦南之後，要將迦南原住民全部殺戮。你不要認為上帝太過殘忍，上帝要滅絕迦南人是有理由的，因為迦南社會是個極端敗壞的社會，迦南人淫亂、兇暴、詭詐、好鬥、拜各種邪神，他們惡貫滿盈，應該自地上除滅，如果以色列人進入迦南，不消滅迦南人，以色列人將會受到迦南人的影響，會去拜迦南人的神，而離開上帝耶和華。

以色列人進入迦南地不久，約書亞去世，沒有指定繼承人，於是以色列十二個支派各自為政，分頭努力去占領所分得之地，然而群龍無首，各自奮戰，力量不夠強大，有些支派得不到所分之地，在迦南地形成了以色列人和迦南人緊鄰居住的情形。

其實，以色列人無法消滅迦南人是有原因的。當時迦南人的文明水平遠比以色列人高，迦南人會製造和使用鐵器，甚至還有鐵車，這時的以色列人剛剛開始用鐵器，有時鐵犁、鐵刀、鐵鏟生鏽了，還要花錢請非利士人代為磨光，可見以色列人的武器是不及迦南人的，以色列人和迦南人爭戰，如果沒有上帝的幫助，是不可能得勝的。既然以色列人的武力不及迦南人，自然無法消滅迦南人。有時以色列人雖在上帝支持之下戰勝部分迦南人，但以色列人卻只讓失敗的迦南人做苦工，而不肯消滅那些迦南人，這是明顯違背上帝旨意的行為。

迦南人是迦南地區原住民的統稱，其實迦南人還包括了許多不同的民族，像比利洗人、亞納人、亞捫人、米甸人、摩押人、非利士人等。以色列人占領了迦南地，而原來的一部分迦南人未被消滅，仍居住迦南境內，所以當士師時代開始時，便是以色列人和迦南人共同生活在迦南地區的情景。

不同的民族生活在同一個地區，相互接觸，在生活習俗、價值觀念、經濟文化各方面必然相互影響，以色列人和迦南人接觸不久，以色列人便受到迦南人影響，致使生活沉淪、兇狠詭詐、荒淫殘暴、敬拜迦南人的神……這都是上帝耶和華先前所擔憂的事，現在果然出現，這引起上帝的怒氣，便不理會以色列人，讓以色列人自生自滅。

不久，一個迦南地的外族前來攻擊以色列人，以色列人被打敗，受到那個外族的轄制，過了數十年痛苦不堪的日子，便求告上帝耶和華。上帝接受了以色列人的求助，便興起一位士師去拯救被外族轄制的以色列人。

在上帝的幫助和士師的領導下，以色列人重新獲得自由，過著平安的日子，這樣經過幾十年的安定生活，以色列人又忘記了上帝，遠離了上帝，又去拜迦南人的神，這又惹得上帝發怒，轉臉不理會以色列人。迦南地區的另一個民族又前來攻擊以色列，轄制了以色列若干年，以色列人感到痛苦萬分，又向上帝求告，請求上帝幫助，上帝又在以色列人中興起一位士師，出來拯救以色列人。士師時代就一直在這種循環裡轉動。

根據〈士師記〉的記載，以色列共出現過十二個士師，他們分別是：

（一）士師俄陀聶：對抗米所波大米王古珊利薩田。

（二）士師以笏：對抗摩押王伊磯倫。

（三）士師珊迦：對抗非利士人。

（四）女士師底波拉和巴拉一起對抗夏瑣王耶賓和將軍西西拉。

（五）士師基甸：對抗米甸人。

（六）陀拉作士師。

（七）睚珥作士師。

（八）士師耶弗他：對抗亞捫人。
（九）以比讚作士師。
（十）以倫作士師。
（十一）押頓作士師。
（十二）士師參孫：對抗非利士人。

在十二個士師中，陀拉、睚珥、以比讚、以倫、押頓等五個士師，《聖經》中沒有說明他們對抗哪個外族來拯救以色列人。在十二個士師中，最受後人注意的是基甸和參孫。

基甸是瑪拿西支派的人，父親叫約阿施，當時以色列人受到米甸人的壓制，每逢以色列人播種之後，米甸人、亞瑪力人和其他迦南人都上來攻打他們，毀壞土產，搶奪食物和牛羊驢，這讓以色列人被困在窮乏之中達七年之久。

以色列人呼求耶和華，耶和華的使者向基甸顯現，對基甸說：「大能的勇士啊，耶和華與你同在，你去從米甸人手裡拯救以色列人。」基甸說：「我有何能拯救以色列人呢？我家在瑪拿西支派中是至貧窮的，我在我父家是至微小的。」

使者說：「我與你同在，你就必擊打米甸人，如擊打一人一樣。」基甸說：「求你給我一個證據，使我知道與我說話的就是主。求你不要離開，等我歸回將禮物帶來供在你面前。」於是基甸拿了一隻山羊羔、無酵餅獻給使者，使者吩咐基甸說：「把肉和無酵餅放在磐石上，把湯倒出來。」基甸照著做了，使者用手裡的杖挨了肉和無酵餅，就有火從磐石中出來，燒盡了肉和無酵餅，使者也就不見了。

當天夜晚，耶和華吩咐基甸說：「去拆毀你父親為巴力所築的壇，砍下壇旁的木偶，另外為耶和華築一座壇。」基甸怕族人反對，便在夜間做了這事，第二天，族人發覺巴力的壇被拆，查出來是基甸所為，便要殺基甸，基甸的父親約阿施說：「巴力若果是神，有人拆毀他的壇，讓他為自己爭論吧！」當時人們就稱基甸為耶路巴力，意思是說，他拆毀巴力的壇，讓巴力和他爭論。

當時米甸人、亞瑪力人都聚集在耶斯列平原，耶和華的靈降在基甸身上，基甸就吹角，以色列的瑪拿西、亞設、西布倫、拿弗他利等族的人都來到基甸身旁。基甸對耶和華說：「你如果真的要藉我的手拯救以色列人，我就把一團羊毛放在禾場上，若單是羊毛上有露水，別的地方都是乾的，我就知道你所說的是真的。」第二天早晨，基甸起來，發現羊毛含滿了露水，基甸又對神說：「讓我再試一次，願羊毛是乾的，別的地方都有露水。」這天夜晚，神蹟又出現了，羊毛是乾的，別的地方都有露水，這讓基甸相信耶和華在他身邊。於是基甸和跟隨他的人在米甸軍營南邊安營。

耶和華對基甸說：「跟隨你的人過多，免得以色列人說是他們自己的手救了自己。」於是基甸向以色列人宣告，凡懼怕膽怯的可以回家去，原有三萬兩千人便走了兩萬兩千人，只剩下一萬人，耶和華說：「還是太多。」最後只留下三百人。當夜，耶和華對基甸說：「起來，下到米甸營去，我已將他們交在你手中，如果你怕，就帶你的僕人普拉下到那營裡去，你必聽見他們所說的。」於是基甸和普拉趁著天黑偷偷進入米甸營，這時米甸、亞瑪力人的軍營散布在平原上，人數多得無法計算。基甸一進營房，就聽到一個人對同伴說話：「我得了一個夢，夢見一個大麥餅輥入米甸營中，將帳幕撞倒。」那同伴說：「這是以色列人基甸的刀，神已經將米甸交在他手中。」基甸聽了這兩人的對話，立刻回到以色列營中，召集三百人，分為三隊，三百人每人手中拿著角和空瓶，瓶內藏著火把，三更之初，悄悄潛入米甸營旁，三百人同時打破手中的瓶，左手拿火把，右手拿角，一起吹響了角，並且高聲喊叫：「耶和華和基甸的刀。」米甸營中的人從睡夢中被吵醒，驚慌失措，紛紛拿著刀衝到帳棚外，耶和華使全營的人互相砍殺，爭相逃跑。基甸呼召拿弗他利、亞設和瑪拿西支派的人一起去追趕米甸人，又叫以法蓮人把守約旦河口，殺了米甸的兩個首領。

基甸帶領三百人渡過約旦河，十分疲乏，就對疏割人說：「求你們拿餅給跟隨我的人吃。」疏割人不肯，基甸說：「等我擒到米甸王後我必回來找你們算帳。」基甸到毘努伊勒，要求給餅，毘努伊勒人也不給，基甸說：「等我平安回來必拆毀這樓。」那時米甸殘餘的軍兵還有一萬五千人，基甸殺敗了米甸人，米甸的二王西巴和撒慕拿被俘虜。基甸大膽回轉，經過疏割，責打疏割的長老，又拆毀了毘努伊勒的樓，殺了那城裡的人。

基甸打敗米甸人後，以色列得到四十年太平。基甸收集黃金，製造了一個以弗得，以弗得是大祭司穿的聖衣，放在城中，讓以色列人參拜，這以弗得竟成了以色列人的偶像，違背了上帝不准拜偶像的禁令，讓耶和華大為生氣，也就不顧以色列了。

後來以色列人受到非利士人轄制四十年，耶和華又興起參孫作為士師。參孫屬於以色列的但支派，參孫似乎靈性不高，一出場就要娶非利士女子為妻，他的父母無奈，只得應允，他的岳父為他擺設婚宴，請了三十個非利士人陪伴，婚宴中，參孫出了一個謎題，對三十個陪伴說：「你們在七日婚宴中如果能猜出來，我就給你們三十件裡衣，三十套衣裳，如果猜不出來，你們就給我三十件裡衣，三十套衣裳。」陪伴都猜不出來，就去威脅參孫的妻子，妻子對著參孫哭哭啼啼，要知道謎底，參孫受不了，終於將謎底告訴妻子，妻子又告訴陪伴，陪伴就說了謎底。參孫於是到亞實基倫擊殺三十個人，奪了他們的衣裳，給那個猜出謎底的人。

為了這事，參孫發怒回到父家。過了些日子，參孫前往岳家，岳父告訴他，他的妻子已經再嫁給他的陪伴了，這引起參孫和非利士人衝突，擊殺了許多非利士人。於是非利士人集結大軍要捉拿參孫，以色列人這時正受到非利士人的轄制，不敢反抗，便把參孫捆綁起來，送去給非利士人。到了非利士人的地區，參孫掙脫了繩索，拾起一塊驢腮骨，擊殺一千人。參孫到了迦薩，和一個妓女親近，迦薩人要殺他，參孫將城門的門扇、門框、門栓一齊拆下來，扛在肩上走了。

後來又喜愛一個叫大利拉的女人，非利士的首領對大利拉說：「妳去問參孫為什麼有這麼大的力氣？用什麼方法可以制服他？我們會給妳重賞。」於是大利拉天天纏住參孫問，參孫不勝其擾，終於說出頭上的頭髮是力量的來源。於是大利拉和非利士首領趁參孫熟睡時將參孫的頭髮剃去，等參孫醒來，發現全身無力，於是非利士人輕鬆地捆綁了參孫，剜了參孫的眼睛，用銅鍊綁住，下在監裡推磨。然而，參孫的頭髮又漸漸長起來了。

非利士的首領要向他們的神大袞獻祭，眾多的非利士人聚集，正宴樂時，叫參孫來，要戲耍他，參孫雙手抱住托房的兩根柱子，向耶和華禱告：「神啊，求你賜給我這次力量，讓我報剜我雙眼的仇。」然後屈身用力拉倒柱子，整個房子就倒塌下來，壓死了非利士人首領和房裡數千人，參孫也死了。

從基甸和參孫的言行來看，實在不敢令人恭維，基甸怯弱、膽小，一再試探神，對神沒有信心。難怪後來基甸會把以弗得當偶像祭拜，偏離了神的道；參孫好色又愚蠢，可說是一個靈性不足的人，他幾次殺非利士人都不是為了以色列民族，而是為了報他個人的私仇。所以，不要把士師看成民族英雄，士師只是在神的幫助下做了一些拯救以色列人的事。

士師時期是以色列人迦南化的時期，是以色列民族的混亂時期，為什麼要把〈士師記〉放在《聖經》中？是因為士師是以色列人的反面教材，讓以色列人了解離開神的悲慘境遇，同時也讓以色列人知道神的大能，希望以色列人不要遠離神。

30 基督徒如何把自己「交託」給神？

走在上帝的道上，不偏不離，放心壯膽地去做合於道的事，上帝會加以保護，人就不必憂心懼怕。

在教會裡，常聽到牧師對會眾說：「你是不是常常覺得憂愁？是不是覺得壓力太大，喘不過氣來？你不要靠自己硬撐，你要把重擔卸下，交託給神。」

的確，我們生活在今天的社會裡，要承受許許多多的壓力，像學業的壓力、經濟的壓力、事業的壓力、感情的壓力、健康的壓力等等，這些壓力常常會使人筋疲力竭，難以應付。如果真像牧師講的，可以把重擔交託給神，自己毫無壓力要承擔，那真是求之不得的福氣，如此一來，基督徒就可以輕鬆過日子，只要哼哼小調，唱唱小曲，沒有任何困難和煩惱，這種生活多麼令人羨慕和嚮往啊！

可是，牧師的話太籠統，太含混，「你要把重擔卸下，交託給神。」如何交託呢？假使不弄清楚，只憑這句話，有時會使基督徒走到錯誤的路上去。我們舉一個小故事來說明：

仲強是一個高中生，在學校成績不好，其實，仲強是個老實而木訥的年輕人，星期天會去教會做禮拜，是個虔誠的基督徒。他上課很專心，但學業成績始終落後，仲強覺得課業的壓力好大。到了高三，有一天晚上，仲強吃完晚飯不久就去睡覺，母親覺得很奇怪，跑到仲強床邊問：「仲強，你明天要期末考試，怎麼這麼早就睡覺？是不是身體不舒服啊？」仲強從床上坐起來說：「媽，我沒有不舒服。我今天在教會聽牧師說：『你們自以為自己能力很強，那是不對的，只有依靠神才能完美，所以你們要放下自己，把自己交託給神。』媽，我剛才禱告過了，我把一切都交託給神，我不用複習功課了，我不怕明天的考試了，我可以輕鬆地睡覺了。」媽媽聽了仲強的話呆住了，她真想跑去問牧師，《聖經》裡的「交託」是這個意思嗎？

在《聖經》裡講到「交託」，譬如〈詩篇〉第三十七篇五節：「當將你的事交託耶和華，並倚靠祂，祂就必成全。」又如〈箴言〉第十六章三節：「你所做的要交託耶和華，你所謀的，就必成全。」所以把自己交託給神是《聖經》的指示，不過這只是原則，不是具體行動。

〈詩篇〉第三十七篇是大衛王所寫的詩，仔細研讀《聖經》中有關大衛王的記載，可以發現大衛是真正把自己「交託」給神的人，他凡事都求問神、倚靠神，把神當作山寨，當成避難所。但是大衛遇到困難時，並不是自己躲起來，把困難全丟給神，完全不管外界的變化，大衛是勇敢地面對困難。我們以大衛如何面對非利士人歌利亞的事例，來剖析「交託」的意義。

當掃羅做以色列王的時候，非利士人是以色列人的強大外敵。有一年，非利士人和以色列人發生爭戰，雙方擺列隊伍，兩軍中間有一座山谷，這座山谷就是戰場。從非利士營中出來一個討戰的人，名叫歌利亞，是個身材高大的巨人，頭戴銅盔，身穿鎧甲，腿上有銅護膝，肩背銅戟，手裡拿著又粗又重的槍，歌利亞站在谷中對以色列人叫陣：「從你們中間揀選一人，使他下到我這裡來，他若能與我戰鬥，將我殺死，我們就做你們的僕人，我若勝了他，將他殺死，你們就做我們的僕人，服事我們。」以色列人見歌利亞巨大的身材十分害怕，無人敢應戰。

大衛是一個住在伯利恆的牧羊少年，他有三個哥哥正在掃羅王的軍中參加對抗非利士人的爭戰，大衛的父親命大衛到前線探望兄長，正好遇到巨人歌利亞前來叫陣，大衛自告奮勇，上陣對抗歌利亞。大衛只穿著牧羊人的服裝，手裡拿著杖，腰間繫著一個袋子，袋子裡裝了五塊光滑的石子。歌利亞看見大衛是個少年人，又只拿著杖，便輕視大衛，歌利亞對大衛說：「你拿杖到我這裡來，我豈是狗呢？」歌利亞就指著自己的神咒詛大衛，大衛說：「你來攻擊我，是靠著刀鎗和銅戟，我來攻擊你，是靠著萬軍之耶和華的名。」歌利亞大步迎向大衛，大衛從囊中掏出一塊石子，用機弦甩去，打中歌利亞的額頭，石子進入額頭內，歌利亞就倒下去了，大衛跑到歌利亞身邊，拔出歌利亞身上的佩刀，殺了歌利亞。非利士人眼見巨人歌利亞陣亡，嚇得都逃跑了，這場戰爭以色列人獲得勝利。

大衛用一塊石子就獲得戰爭的勝利，這真是奇蹟，大衛對敵人說：「我來攻擊你，是靠著萬軍之耶和華。」無異是在宣示自己已經全部交託給上帝耶和華，他相信上帝會幫他對付敵人，但表面上大衛自己仍要有所行動，那行動就是甩出一塊石子，藉著這塊石子取得勝利的成果。

從大衛的這段故事可以清楚地了解，所謂把自己「交託」給神，是指對神的信心和信任，完全相信神的支持，然後全力面對困難加以克服。殺死巨人歌利亞絕對不是一件容易的事，只有神的大能可以做到，表面上卻是要經由大衛的手來達成目的。大衛如果站在陣前只會閉著眼叫：「主啊！耶和華啊！救我！」那是不可能勝過敵人的。所以，把自己「交託」給神是心理上的態度，而不是行動的表現。在心理上，「交託」給神的感覺是安定、沉穩、沒有恐懼，在行動上的反應則是積極、勇敢、奮發向前。

人生在世必然會遇到許多困難，面對困難，有時你靠著自己的知識、能力，可能無法克服，最好的辦法就是向上帝禱告，把困難告訴神，求神的幫助，這就是把自己交託給神。

有人也許會問，把自己交託給神有什麼好處？把自己交託給神的好處未必是直接和明顯的，可能是從間接和感覺中獲得的。一個三歲的小女孩跟著媽媽上街，在擁擠的人群中和媽媽分散了，小女孩徬徨無助，大哭大叫，一會兒媽媽出現了，小女孩抱住媽媽，止住了哭，安下心來，她覺得媽媽在身邊，把自己完全交託給媽媽，心就安了。一個基督徒把自己交託給神，就像小女孩抱住媽媽，想要得到平安一樣。

基督徒把自己交託給神，除了能夠得到平安之外，還有一個大好處，那便是「機會」。所謂「機會」是人的遭遇，一個人每天會遭遇到什麼人和什麼事，自己是無法預料到的，中國人相信都是天在安排，基督徒則認為是神在安排，交託給神就是祈求遇到好人、好事，而避開壞人、壞事，讓自己會遇到好「機會」。

不過，「機會」是外在的變化，當「機會」來到的時候，你要出手抓住機會，否則機會溜走，便是你放棄了自己想要的好處，這就不能責怪神了。下面說一個小故事：

阿祥到海邊去衝浪，在離岸七、八百公尺時，遇到一個巨浪，阿祥被浪打倒，整個人脫離了衝浪板，身上的繩索也被扯斷了，阿祥隨著浪漂得不知方向，在海中浮沉。由於離岸太遠，沒有人發現阿祥遇險，當然也就沒人來救阿祥。阿祥會游泳，想自己游上岸，只是距離太遠，浪又大，他游了兩小時，仍無法接近陸地，這時他已經筋疲力盡，便浮在水中禱告：「主啊！我已經沒力氣了，我把自己交託給你，請主來救我！」說完，阿祥便閉上眼睛，這時海上漂來一塊木板，阿祥沒睜開眼，就失去抓住那塊木板的機會，木板很快便漂走了，阿祥也失去了獲救的機會。

從阿祥的故事可以發現上帝給阿祥一次獲救的機會。可惜阿祥沒能抓住這個機會，這讓我想起《聖經》裡記載耶穌一再對門徒說要「儆醒時光」，最初我感到有些奇怪，耶穌要門徒禱告就好了，為什麼要「儆醒」？當我讀到耶穌講諾亞方舟的故事，十童女的比喻等章節，領悟到「儆醒」的意義就是「把握機會」，「機會」一閃便消逝了，「機會」是神所賜給的，不要迷糊地睡著了，當人儆醒的時候，就會抓住神賜予的「機會」，獲得成就。

千萬別把「交託」當作偷懶的藉口，基督徒把自己「交託」給神不是說自己什麼都不做；相反地，基督徒把自己「交託」給神，神往往要他動起來。《聖經》裡經常出現「起來」兩個字，尤其是對負有使命的基督徒，上帝總會叫他們「起來」，表示神要人採取行動來應付外在環境。

翻開人類歷史，在人的世界中，一切的改變、活動、成果都是人行動的結果。雖然神對人類的事件有影響力，但人類歷史舞臺的演員是人，人是不能推卸成敗得失的責任的，神創造了宇宙這個大舞臺，人們在這個舞臺上演出，人們要自己策畫、自己執行。在〈創世記〉中，上帝已經明白指示人是這個世界的管理者，神制定了這個世界的各種法則，人在法則之下執行管理者的任務，神是制定者、指導者、監督者，人是執行者、演出者。

所以，基督徒把自己「交託」給神，不是自己不動，一切全倚靠神，「交託」是心理上對神的信任，接受神的指示去做應該做的事。

記得有一個人壽保險公司的廣告，廣告詞是：「你把生命託付給我們，我們使你的生命發光發熱。」這個廣告詞未免誇大，人壽保險公司只能使人的生活改善，讓生命發光發熱只有上帝能做到，如果要交託，把自己交託給上帝才是最正確的途徑。

如果用一句話來解釋把自己交託給神，應該是：「走在上帝的道上，不偏不離，放心壯膽地去做合於道的事，上帝會加以保護，人就不必憂心懼怕。」

附錄　王壽南主要著作與主編之圖書

一、專書

中國歷代創業帝王（臺灣商務印書館）

唐代藩鎮與中央關係之研究（大化書局）

唐代政治史論集（臺灣商務印書館）

唐代的宦官（臺灣商務印書館）

唐代人物與政治（文津出版社）

隋唐史（三民書局）

中國歷史圖說（七）隋唐五代（新新文化出版社）

照照歷史的鏡子（臺灣商務印書館）
中華文化復興運動紀要（中華文化復興運動推行委員會）
王雲五先生年譜初編（四冊）（臺灣商務印書館）
英雄之忍（國家文藝基金會）
我們的榮譽（幼獅文化事業出版公司）
秦始皇（臺灣商務印書館）
孔子與孟子（臺灣商務印書館）
先秦諸子（臺灣商務印書館）
玄奘（臺灣商務印書館）
徐光啟（臺灣商務印書館）
史可法（臺灣商務印書館）
孫中山（臺灣商務印書館）
馬可波羅（臺灣商務印書館）
哥倫布（臺灣商務印書館）

法國大革命中的人物（臺灣商務印書館）
武則天傳（臺灣商務印書館）
從黑暗到光明——記我的重生（自印）
再站起來（健行文化出版公司）
改變人生的火種（臺灣商務印書館）
天梯——王壽南談基督信仰（臺灣商務印書館）

二、單篇論述

學術性論文及一般性論述百餘篇，發表於各學報、論文集、合著專書、雜誌及報刊，無法一一詳列。

三、主編之圖書

中國文明的精神（四冊）（公共電視）

中國史學論文選集（五冊）（幼獅文化事業出版公司）

古籍今著今譯（三十二冊）（臺灣商務印書館）〔本叢書前十二種由王雲五先生主編，其餘由中華文化復興運動推行委員會及國立編譯館（現改名為國家教育研究院）主編，實際主編工作如規劃、選書、邀稿、催稿、邀約審查人等全由中華文化復興運動推行委員會執行祕書王壽南擔任。〕

中國近代現代史論叢（三十五冊）（臺灣商務印書館）

中國歷代思想家（二十五冊）（臺灣商務印書館）

四庫全書索引叢刊（十五冊）（臺灣商務印書館）

岫廬文庫（一百二十二冊）（臺灣商務印書館）

倫理道德與現代生活（一冊）（中華文化復興運動推行委員會）

忠孝人物故事（一冊）（中華文化復興運動推行委員會）

忠孝文選（一冊）（中華文化復興運動推行委員會）
General Education 叢書（一冊）（五南文化出版公司）
通識叢書（六冊）（臺灣商務印書館）
良醫益友叢書（十四冊）（臺灣商務印書館）
中國通史（一冊）（五南文化出版公司）
我所認識的王雲五先生（一冊）（臺灣商務印書館）
王雲五先生哀思錄（一冊）（臺灣商務印書館）

國家圖書館出版品預行編目 (CIP) 資料

光照：歷史學家對聖經的 30 則探問／
王壽南著——初版——
新北市：臺灣商務，2020.12 面；公分——（Ciel）
ISBN 978-957-05-3295-1（平裝）
1. 聖經研究

241.01 109017564

Ciel
光照
歷史學家對聖經的 30 則探問

作　　者　王壽南
發 行 人　王春申
總 編 輯　張曉蕊
特約編輯　葛晶瑩
責任編輯　洪偉傑
封面設計　康學恩
校　　對　楊蕙苓
內文排版　菩薩蠻電腦科技有限公司
業務組長　何思頓
行銷組長　張家舜
出版發行　臺灣商務印書館股份有限公司
23141 新北市新店區民權路 108-3 號 5 樓（同門市地址）
電話：（02）8667-3712　傳真：（02）8667-3709
讀者服務專線：0800-056193
郵撥：0000165-1
E-mail：ecptw@cptw.com.tw
網路書店網址：www.cptw.com.tw
Facebook：facebook.com.tw/ecptw

局版北市業字第 993 號
2020 年 12 月初版 1 刷
印刷　鴻霖印刷傳媒股份有限公司
定價　新台幣 360 元

法律顧問　何一芃律師事務所